Impressum
Verlag: BABADADA GmbH, Nedderfeld 112 , 22529 Hamburg
Geschäftsführer / Verlagsleitung: Harald Hof
Druck: Books on Demand GmbH, In de Tarpen 42, 22848 Norderstedt

Imprint
Publisher: BABADADA GmbH, Nedderfeld 112 , 22529 Hamburg, Germany
Managing Director / Publishing direction: Harald Hof
Print: Books on Demand GmbH, In de Tarpen 42, 22848 Norderstedt

école

སློབ་ཁང་།
salle de classe

བགོ་བ།
diviser

$186/2$

སློབ་གྲྭའི་ལས་རྩེད་ཐང་།
cour (de récréation)

ཤིག་པང་།
tableau noir

དགེ་རྒན།
professeur

ཤོག་བུ།
papier

འབྲི་བ།
écrire

སྨྱུ་གུ
stylo

ཅོག་ཙེ།
bureau

ཤིང་ཤིང་།
règle

དཔེ་དེབ།
livre

སློབ་ཕྲུག
élève

དཔེ་ལྡུག
cartable

སྨྱུག་སྣོད།
trousse

ཞ་སྨྱུག
crayon

གཤོག་གྲི།
taille-crayon

འགྱིག་གསུབ།
gomme

འབྲི་པང་།
carnet à dessin

 རི་མོ།
....
dessin

ཚོན་ཕིར།
....
pinceau

ཚོན་སྣོད།
....
boîte de peinture

ཇེམ་ཙེ།
....
ciseaux

འབྱར་རྩི།
....
colle

སྦྱོང་བརྡར་སློབ་དེབ།
....
cahier d'exercices

ཉར་སྦྱོང་།
....
devoirs

12

ཨང་གྲངས།
....
chiffre

2+2

སྣོན་པ།
....
additionner

5-2

འཇེན་པ།
....
soustraire

2×2

སྒྱུར་བ།
....
multiplier

རྩིས་རྐྱག་པ།
....
calculer

A

ཡི་གེ
....
lettre

ABCDEFG
HIJKLMN
OPQRSTU
VWXYZ

ཀ་ཁ་
....
alphabet

hello

ཚིག
....
mot

ཡིག་གཞི།

texte

སློག་པ།

lire

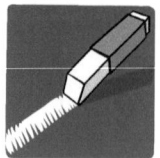

ས་སྒུ་ག

craie

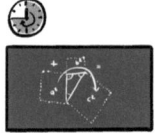

སློབ་ཚན།

leçon

དེབ་གཞུང་།

livre de classe

ཡིག་ཚད།

examen

ལག་ཁྱེར།

certificat

སློབ་གོས།

uniforme scolaire

སློབ་གསོ།

formation

ཤེས་བྱ་ཀུན་བཏུས་དེབ་ཐེར།

lexique

སློབ་གྲྭ་ཆེན་མོ།

université

ཕྲ་མཐོང་ཆེ་ཤེལ།

microscope

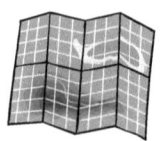

ས་ཁྲ།

carte

གད་སྙིགས་སློབ།

corbeille à papier

ཡུལ་བསྐོར་སྐྱོ་འཆམ།

voyage

མགྲོན་ཁང་།
hôtel
Grand
འགྲུལ་ཁང་།
auberge
ROOMS
CHANGE
བརྗེ་འགྱུར་ལས་ཁུངས།
bureau de change
ལག་སྒམ།
valise
རླངས་འཁོར།
voiture

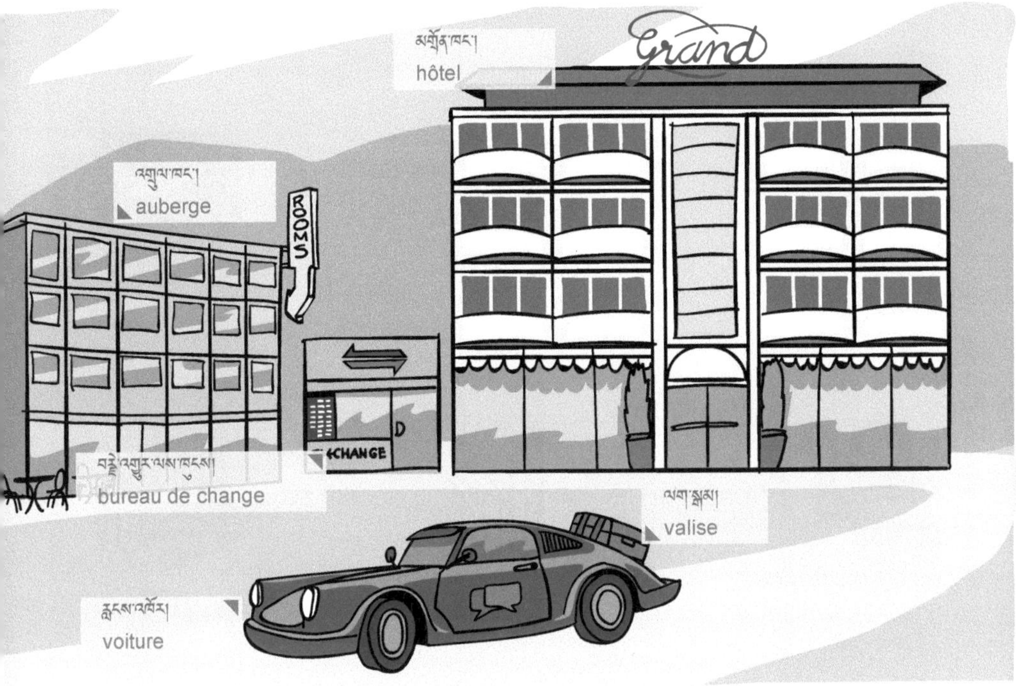

སྐད་རིགས།

langue

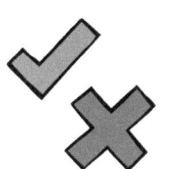

རེད། མ་རེད།

oui / non

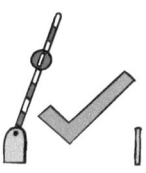

ལགས་སོ།

d'accord

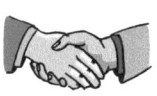

ཁམས་བཟང་།

Salut

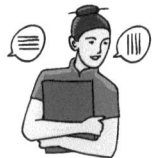

ཡིག་སྒྱུར་བ།

interprète

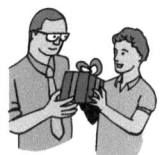

ཐུགས་རྗེ་ཆེ།

merci

ག་ཚོད་རེད།
....
Combien coûte...?

ད་གོ་མ་སོང་།
....
Je ne comprends pas

དཀའ་ངལ།
....
problème

དགོང་མོ་བདེ་ལེགས།
....
Bonsoir !

ཤུ་རོ་བདེ་ལེགས།
....
Bonjour !

མཚན་མོ་བདེ་ལེགས།
....
Bonne nuit !

ག་ལེར་ཕེབས།
....
Au revoir

ཁ་ཕྱོགས།
....
direction

ཅ་ལག
....
bagages

ཁུག་མ།
....
sac

རྒྱབ་ཁུག
....
sac-à-dos

མགྲོན་པོ།
....
hôte

ཁང་མིག
....
pièce

ཉལ་ཁུག
....
sac de couchage

གུར།
....
tente

རྦལ་སྐོར་ཁ་འགྲེལ།

office de tourisme

མཚོ་ཁའི་གྲམ་ཐང་།

plage

ཉིད་ཏྟོན་བྱང་བུ།

carte de crédit

ཞོགས་ཟས།

petit-déjeuner

དགུང་ཚོ།

déjeuner

དུབ་ཚོ།

dîner

པ་སེ།

billet

སྒྲོག་སྐས།

ascenseur

ཐེལ་ཙེ།

timbre

མཐའ་མཚམས།

frontière

སྒོ་ཁྲལ།

douane

གཞུང་ཚབ་ཆེན་མོའི་ལས་ཁུངས།

ambassade

མཆན་བཀོད་ལག་ཁྱེར།

visa

ལག་འཁྱེར།

passeport

སྐྱེལ་འདྲེན་བྱེད་པ།

transport

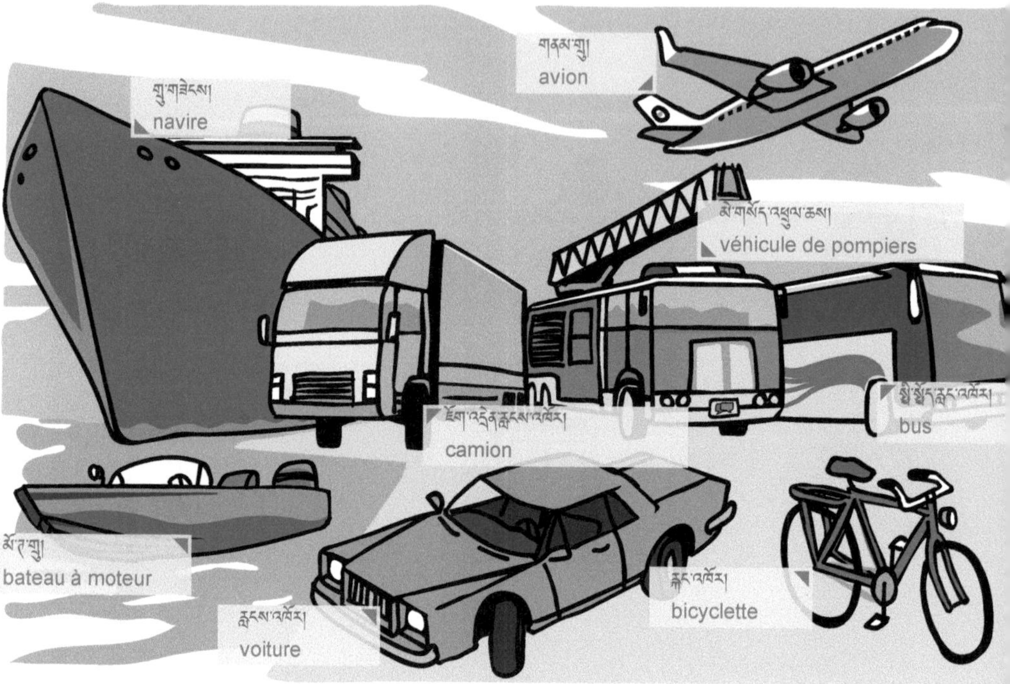

གནམ་གྲུ།
avion
གྲུ་གཟིངས།
navire
མེ་གསོད་འཁྲུལ་ཆས།
véhicule de pompiers
སྤྱི་སྤྱོད་རླངས་འཁོར།
bus
ཐོག་འདྲེན་རླངས་འཁོར།
camion
མོ་ཏ་གྲུ།
bateau à moteur
རྐང་འཁོར།
bicyclette
རླངས་འཁོར།
voiture

ཀོ་བ།

ferry

གྲུ།

barque

འཁྲུལ་རྟ།

moto

བདེ་སྲུང་སྣུམ་འཁོར།

voiture de police

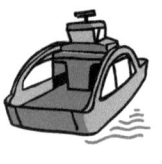

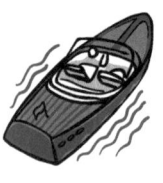

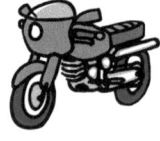

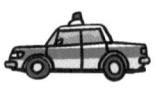

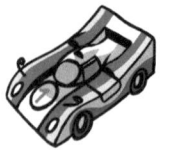

རླངས་འཁོར་འགྲན་བསྡུར།

voiture de course

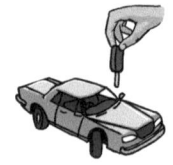

གླ་འབབ་རླངས་འཁོར།

voiture de location

རྒྱས་འབྲོར་བགོ་འགྲེམས་བྱེད་པ།

auto-partage

འདྲུད་འབྲོར་ཆག་སྒྲོན།

voiture de remorquage

འདྲུད་འབྲོར།

benne à ordures

མོ་ཊ།

moteur

བུད་ཤིང་།

essence

རྡོ་སྣུམ་ས་ཚིགས།

station d'essence

འགྲིམ་འགྲུལ་གྱི་མཚོན་རྟགས།

panneau indicateur

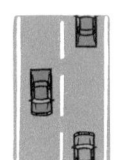

འགྲིམ་འགྲུལ།

trafic

འགྲིམ་འགྲུལ་འགགས་པ།

embouteillage

རྒྱས་འབྲོར་འཇོག་པ།

parking

མེ་འབྲོར་འབབ་ཚིགས།

gare

ལམ་ཚད།

rails

མེ་འབྲོར།

train

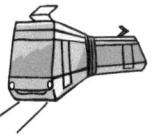

གློག་སྣུམ་གྱི་སྟོང་གྱི་འབྲོར་ལས།

tramway

ཤིང་རྟ་འབྲོར་པོ།

wagon

ཐད་འཕུར་གནམ་གྲུ།

hélicoptère

གནམ་གྲུ་ས་ཚིགས།

aéroport

ལྟག་ལྟོག་མཁར།

tour

འགྲུལ་པ།

passager

སྒྲོད་ཚད།

conteneur

ཤོག་སྒྲོམ།

carton

ཤིང་སྒྲ།

chariot

གཟེད་མ།

corbeille

མཆོང་བ།

décoller / atterrir

གྲོང་ཁྱེར།

ville

གྲོང་བ།

village

གྲོང་ཁྱེར་གྱི་ལྟེ་བ།

centre-ville

ཁང་པ།

maison

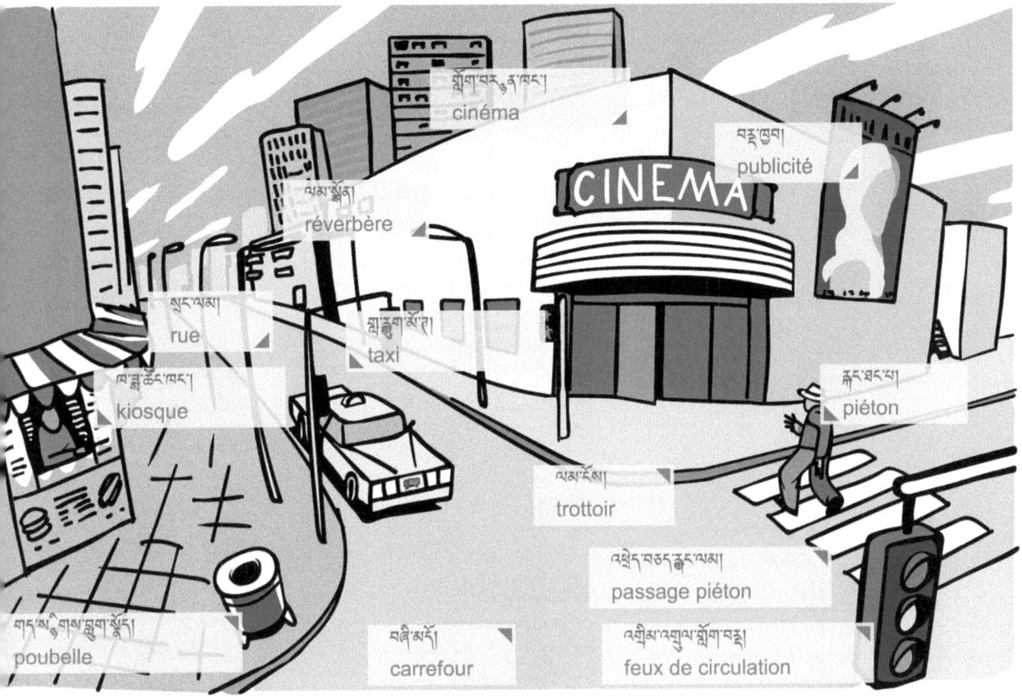

སློག་བརྙན་ཁང་།
cinéma

བསྒྲགས།
publicité

ལམ་སྒྲོན།
réverbère

རྒྱུལ་ངོས།
taxi

ལམ་ཆུང་ཁང་།
kiosque

rue
ལམ།

རྐང་འགྲ་པ།
piéton

ལམ་ངོས།
trottoir

འཕྲུང་བཅུད་རྐང་ལམ།
passage piéton

གད་སྙིགས་གསོག་བླུག་སྣོད།
poubelle

བཞི་མདོ།
carrefour

འགྲིམ་འགྲུལ་སློག་བརྡ།
feux de circulation

ཁང་ཆུང་།
cabane

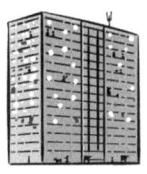

ཁང་པ།
appartement

མེ་འཁོར་འབབ་ཚིགས།
gare

གྲོང་སྡེའི་ཚོགས་ཁང་།
mairie

འགྲིམ་སྟོན་ཁང་།
musée

སློབ་གྲ།
école

སློབ་གྲྭ་ཆེན་མོ།

université

དངུལ་ཁང་།

banque

སྨན་ཁང་།

hôpital

མགྲོན་ཁང་།

hôtel

སྨན་སློར་ཁང་།

pharmacie

ལས་ཁངས།

bureau

དཔེ་ཁང་།

librairie

ཚོང་ཁང་།

magasin

མེ་ཏོག་ཚོང་ས་ཁང་།

fleuriste

སྤུ་ཚོགས་ཁྲོམ་ར།

supermarché

ཁྲོམ་ར།

marché

སྤྱི་ཚོན་ཚོང་ཁང་།

grand magasin

ཉ་ཚོང་ས་ཁང་།

poissonnerie

ཚོང་ཁང་སྤྱི་གནས།

centre commercial

གྲུ་ཁ།

port

གྲོང་ཁྱེར་ - ville

སྐྱེད་ཚལ།
....
parc

རྐུབ་ཀྱག་རན་མོ།
....
banque

ཟམ་པ།
....
pont

ཐེམ་སྐས།
....
escaliers

ས་འོག་གི།
....
métro

རི་སྐྱལ་ལུགས་ལམ།
....
tunnel

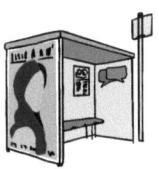

རྐུད་འཁོར་འབབས་ཚིགས།
....
arrêt de bus

ཆང་ཁང་།
....
bar

ཟ་ཁང་།
....
restaurant

ཡིག་སྐམ།
....
boîte à lettres

ལམ་གྱི་མཚོན་རྟགས།
....
panneau indicateur

འཇོག་སྒྲ་རེའི་རེན་ཐིག
....
parcmètre

གཅན་གཟིག་ཁང་།
....
zoo

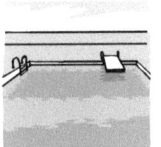

རྒྱལ་རྫིང་།
....
piscine

ཁ་ཆེའི་ལྷ་ཁང་།
....
mosquée

ཞིང་ར།
....
ferme

འབགས་བཙོག
....
pollution

དུར་ས།
....
cimetière

ལྷ་ཁང་།
....
église

རྩེད་ཐང་།
....
aire de jeux

ལྷ་ཁང་།
....
temple

ཡུལ་ལྗོངས།

paysage

ལོ་མ།
feuille

ལམ་རྟགས།
panneau indicateur

ལམ།
chemin

སྤང་ལྗོངས།
pré

རྡོ།
pierre

རྐང་ཐང་ཡུལ་སྐོར་བ།
randonneur

ཤིང་སྡོང་།
arbre

ཆུ་བོ།
rivière

རྩྭ།
herbe

མེ་ཏོག
fleur

གྲུང་།

vallée

རི་བོ།

montagne

མཚོ།

lac

ནགས་ཚལ།

forêt

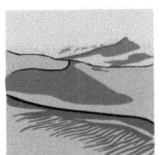

བྱེ་ཐང་

désert

མེ་རི།

volcan

ཕ་བྲང་།

château

འཇའ་ཚོན།

arc-en-ciel

ཤ་མོ།

champignon

ཏ་ལའི་ཤིང་།

palmier

དུག་སྦྲང་།

moustique

སྦྲང་བུ།

mouche

གྲོག་མ།

fourmis

བུང་སྦྲང་།

abeille

སྦོམ།

araignée

སྦུར་ཉལ།

coléoptère

སྦལ་པ།

grenouille

ཐང་ཝི།

écureuil

ཀྲུང་མོ།

hérisson

རི་བོང་།

lièvre

འུག་པ།

chouette

བྱ།

oiseau

ངང་དཀར།

cygne

ཕོ་ཕག

sanglier

ཤ་བ།

cerf

རྩ་མོང་ཤྭ་བ།

élan

ཆུ་རགས།

barrage

རླུང་གི་འཕྲུལ་ཆས།

éolienne

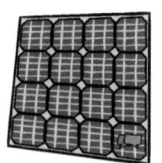

ཉི་མའི་བཞུགས་མོལ་ཚིགས་ཆུད།

panneau solaire

ནམ་ཟླ།

climat

ཞབས་ཞུ་བ།
serveur

ཚན་ཐོ།
menu

རྐུབ་སྟེག
chaise

ཕི་ཚ།
pizza

ཐུགཔ།
soupe

སྣོལ་རས།
nappe

གྲི་རིགས།
couverts

ཟ་མ་དང་པོ།
....
hors d'œuvre

གཙོ་ཚལ།
....
plat principal

 མངར་ཟས།
dessert

འཐུང་བ།
....
boissons

ཁ་ལག
....
alimentation

ཤེལ་དམ།
....
bouteille

སྨྱུགས་ཟས།

fast-food

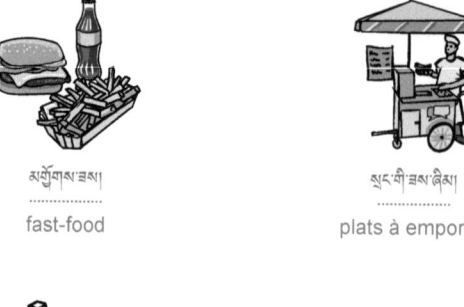

ཤུང་གི་ཟས་ཤིག

plats à emporter

ཇ་འཁ།

théière

མངར་པོར།

sucrier

དུམ་བུ།

portion

ཙིག་སྟ་འཕུལ་ཆས།

machine à expresso

ནུང་མའི་རྩྭབ་སྟེགས།

chaise haute

ཙོ་ཡིག

facture

ཤིང་སྟོལ།

plateau

ཟ་གྲི།

couteau

ཟས་ཆེབ།

fourchette

ཞིམ་བུ།

cuillère

ཐུར་མ།

cuillère à thé

ལག་རས།

serviette

ཤེལ་པོར།

verre

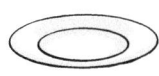

ཕྱིར་མ།

assiette

ཐང་ཕོར།

assiette à soupe

ཕྱིར་དཔྱིབས།

soucoupe

སྦོད་རྫས།

sauce

ཚྭ་ཕོག

salière

གཡེར་མ་འཐག་འཁོར།

moulin à poivre

ཚོབ།

vinaigre

སྣུམ།

huile

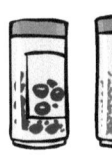

སྤོན་སྣ།

épices

ཞེ་ཙ་སྦག

ketchup

ཨེ་ཆེ།

moutarde

སྦོང་སྦེ་ཚད།

mayonnaise

སྣ་ཚོགས་ཁྲོམ་ར།

supermarché

དམིགས་བསལ་གྱི་རིན་གོང་།
offre promotionnelle
FOR
མཁོ་མཁན།
client
འོ་རྫས།
produits laitiers
ཤིང་ཏོག
fruits
འདྲུད་འཐེན་འཁོར་ལོ།
chariot

BUTCHERS

བཤས་ཚོང་།

boucherie

BAKERY

བག་སོབ་ལས་མཁན།

boulangerie

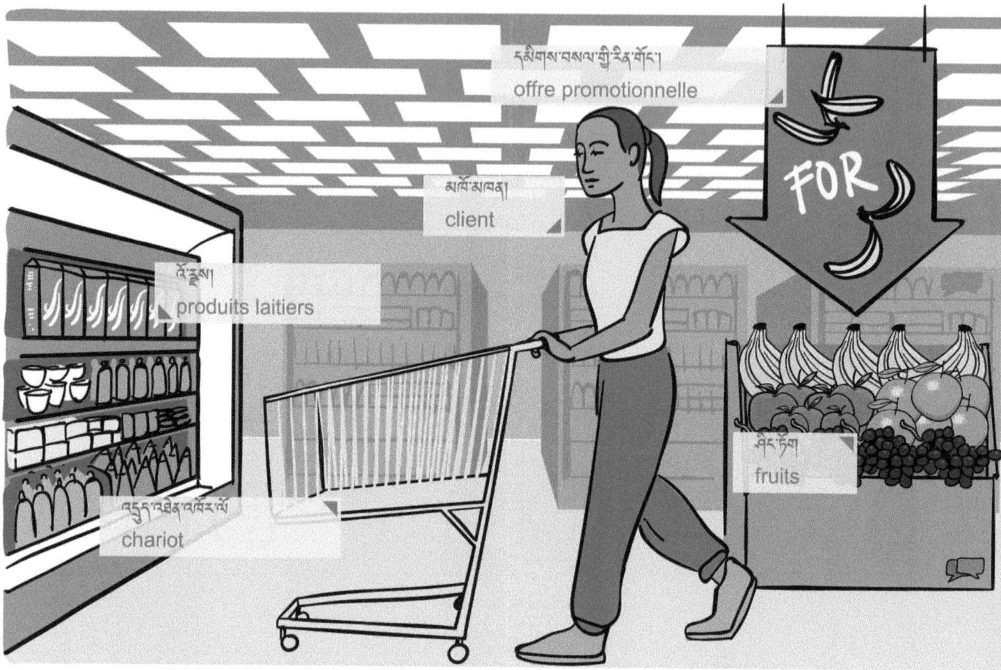

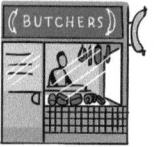

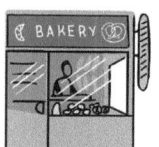

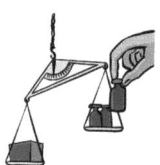

ལྗིད་ཚད་འཇོགས་པ།

peser

ཚོད་མ།

légumes

ཤ།

viande

འཁྱང་ཟས།

aliments surgelés

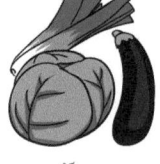

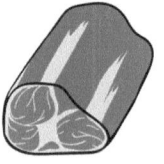

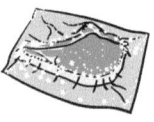

ཤ་གྲས།

charcuterie

ཀྲིན་བཙོབ་པའི་ཟ་མ།

conserves

ཁྲུས་པགྲ།

poudre à lessive

མངར་ཟས།

bonbons

ཁྱིམ་ཆས།

articles ménagers

ཕོན་སྣུམ་གཙང་མ།

détergents

འབྲེལ་ཚོང་མཁན།

vendeuse

དངུལ་སྒྲོམ།

caisse

དངུལ་གཉེར།

caissier

དངོས་ཆ་ཞིབ་ཐོ།

liste d'achats

སྒོ་འབྱེད་དུས་ཚོད།

heures d'ouverture

དངུལ་ཁུག

portefeuille

ཡིད་རྟོན་བྱང་བུ།

carte de crédit

ཁུག་མ།

sac

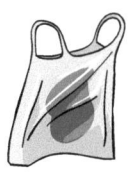

འགྱིག་ཤོག

sac en plastique

boissons

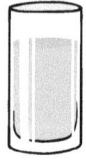

ཆུ།

eau

ཤིལ་ཁུ།

jus de fruit

འོ་མ།

lait

ཁ་ནག

coca

རྒུན་ཆང་།

vin

སྦུ་ཆང་།

bière

ཆང་རིགས།

alcool

ཀོ་ཀོལ།

chocolat chaud

ཇ།

thé

ཀྲིག་ཇ།

café

ཀྲིག་ཇ།

expresso

ཀ་པའུ་ཅི་ནོ།

cappuccino

ངང་ལག

banane

ཀུ་ཤུ།

pomme

ཚ་ལུ་མ།

orange

སྒ་ཚི་ག་གོན།

melon

ལེ་མོན།

citron

ལབ་སེར

carotte

སྒོག་པ།

ail

སྨྱུག་མ།

bambou

ཙོང་།

oignon

ཤ་མོ།

champignon

སྟར་སྒོགས།

noisettes

ཐུག་པ།

pâtes

ཀྲི་ཐུག

spaghetti

འབྲས།

riz

གྲང་ཚོལ།

salade

ཀྲི་ལུ་སི།

pommes frites

ཡོངས་མ་སྲེག་པ།

pommes de terre rôties

པི་ཚ།

pizza

ཧེམ་བུརྒར།

hamburger

བག་ལེབ་སྦྲ་ཕྱེ་ཅི།

sandwich

ཤ་ཉིག་གཡོགས།

escalope

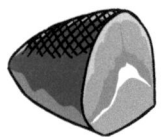

ཕག་ཤ་དུང་མ།

jambon

ས་ལ་མི།

salami

རྒྱུ་མ།

saucisse

བྱ་ཤ།

poulet

སྲེག་པ།

rôti

ཉ།

poisson

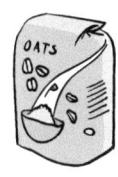

ཡུ་གུ།
....
flocons d'avoine

སྐྱོ་རི་ལི།
....
muesli

ཨ་ཤོམ་ལེབ་མོ།
....
cornflakes

ཕྱེ་མ།
....
farine

སྦྱང་ར།
....
croissant

བག་ལེབ།
....
petits-pains

བག་ལེབ།
....
pain

བག་ལེབ་ཏིག་གཟོགས་སྲེག་མ།
....
pain grillé

སྐམ་ཤོབ
....
biscuits

མར།
....
beurre

ཆོ།
....
le fromage blanc

བག་ལེབ་མོབ་མོབ།
....
gâteau

སྒོང་ང།
....
œuf

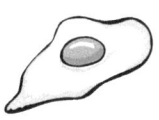

སྒོ་ང་བཙོག
....
œuf au plat

ཕྱུར་ར།
....
fromage

འཁྱགས་ཚོ།

glace

བྱེ་མ་ཀ་ར།

sucre

སྦྲང་རྩི།

miel

སྦྲུམས།

confiture

ཚོག་ལི་ཆང་།

crème nougat

སྣ་མེར།

curry

གནའ་ཚལ་ཁང་།
ferme

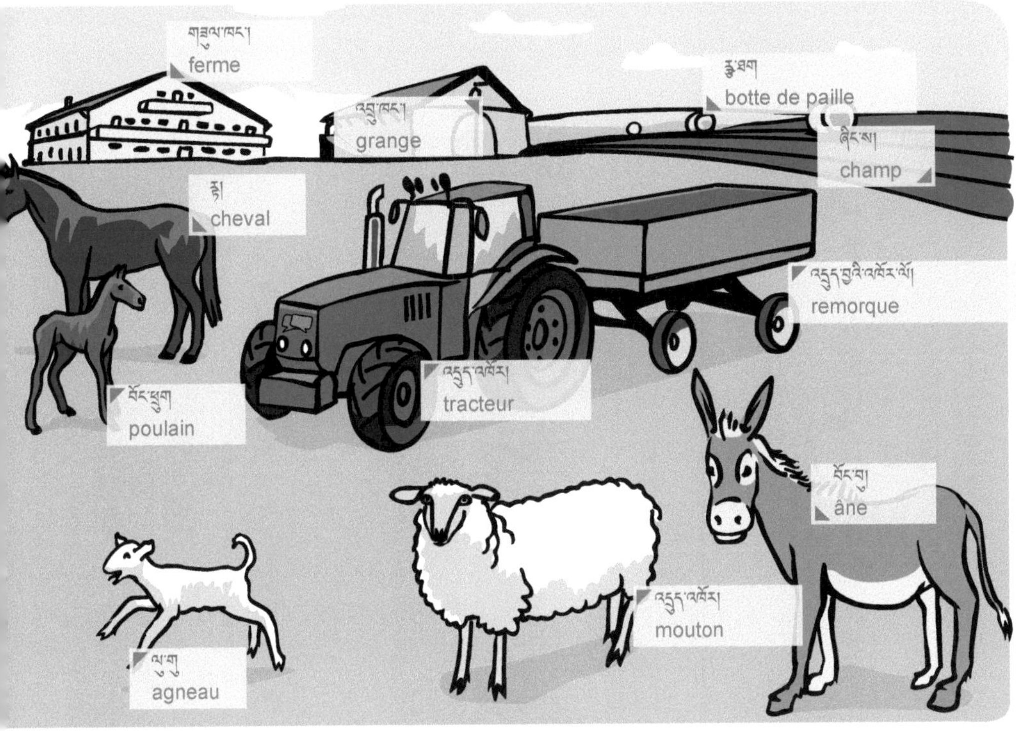

ཀྲུ་ཐག
botte de paille

འབྲུ་ཁང་།
grange

ཞིང་ས།
champ

རྟ།
cheval

འདྲུད་ཕྱིའི་འཁོར་ལོ།
remorque

རྟ་ཕྲུག
poulain

འདྲུད་འཁོར།
tracteur

རོང་བུ།
âne

འདྲུད་འཆོས།
mouton

འ་ལུ།
agneau

ར་མ།
....
chèvre

བ་མོ།
....
vache

བེ་བུ།
....
veau

ཕག
....
porc

ཕག་ཕྲུག
....
porcelet

གླང་།
....
taureau

དང་པ།

oie

ངུ་གག

canard

ཕྱིའུ་ཕྲུག

poussin

ངུ་མོ།

poule

ངུ་ཕོ།

coq

ཙི་མ།

rat

ཞི་མི།

chat

ས་བྱི་ཡིག

souris

བ་གླང་།

bœuf

ཁྱི།

chien

ཁྱི་ཁང་།

chenil

མེ་ཏོག་ལུགས་རཝེ་ཁང་པ།

tuyau de jardin

ཆུ་འདྲེན་པའི་ལྭགས་ཤིག

arrosoir

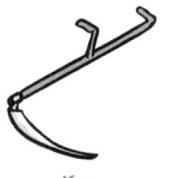

ཙོར་མ།

faucheuse

ཐོང་གཤོལ།

charrue

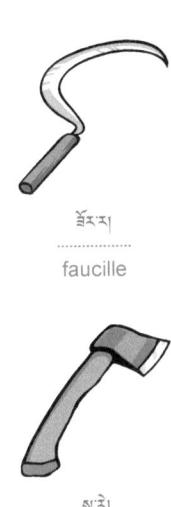

ནོར་ར།
faucille

འཛེར།
pioche

རྩྭ་སྐམ་གྱི་ལ་དབག
fourche

སྟ་རེ།
hache

འཁོར་ལོ་གཅིག་མ།
brouette

དཀར་མ།
cuve

འོ་རྫ།
pot à lait

སོ་ཁུག
sac

ར་བ།
clôture

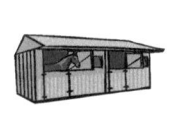

བཙན་པོ།
étable

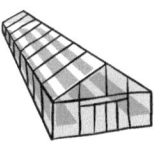

རོ་དཀ་ཁང་།
serre

ས།
sol

འབྲུ།
semences

རྩྭ་ལུད།
engrais

མཉམ་བསྡུ་འཕྲུལ་འཁོར།
moissonneuse-batteuse

སྟོན་བསྡུ་བ།
récolter

སྟོན་འབབ།
récolte

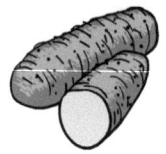

རི་སྨུན།
igname

འབྲོ།
blé

ཟྡ་ཡུསྨ།
soja

ཡོང་མ།
pomme de terre

མ་རྩོས་ལོ་ཏོག
maïs

ཡུངས་དཀར་འབྲུ།
colza

ཤིང་སྡོང་།
arbre fruitier

ཞོག་ཁོག་ཨང་མོ།
manioc

འབྲུ་རིགས།
céréales

maison

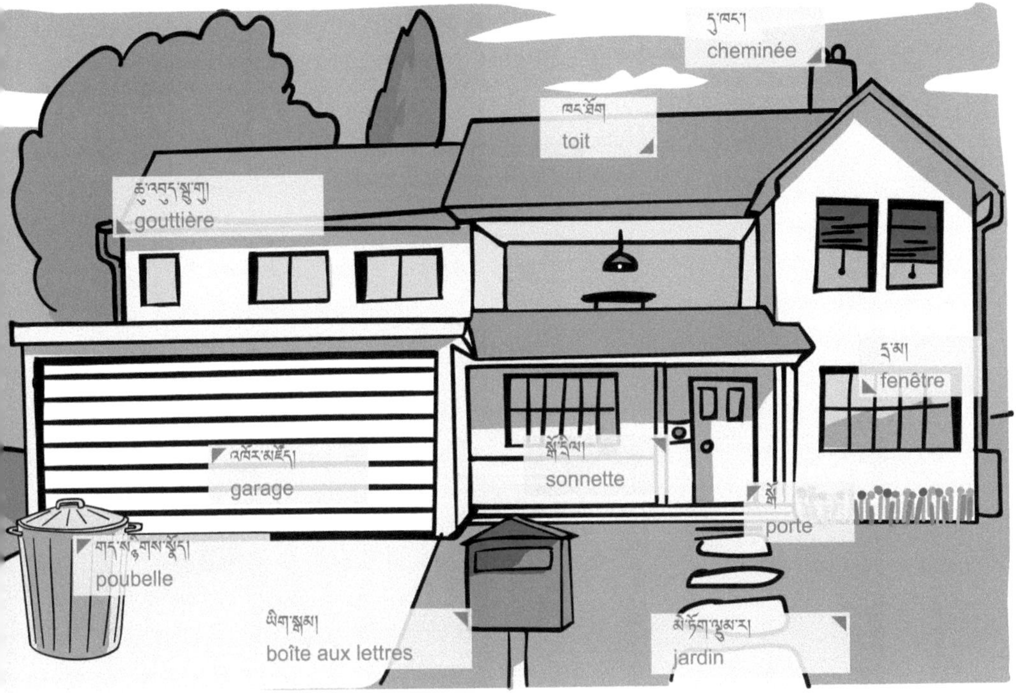

 དུ་ཁུང་
cheminée

ཁང་ཐོག
toit

ཆུ་འབུད་སྐུ་ལུ།
gouttière

དྲ་མི།
fenêtre

འཁོར་མཛོད།
garage

སྒོ་དྲིལ།
sonnette

སྒོ།
porte

གད་སྙིགས་གས་སྣོད།
poubelle

ཡིག་སྒྲོམ།
boîte aux lettres

མེ་ཏོག་ལྡུམ་ར།
jardin

སྡོད་ཁང་།

salon

འཁྲུས་ཁང་།

salle de bain

ཐབ་ཚང་།

cuisine

ཉལ་ཁང་།

chambre à coucher

ཕྲུག་པའི་ཁང་པ།

chambre d'enfant

ཁ་ལག་ཟ་ས།

salle à manger

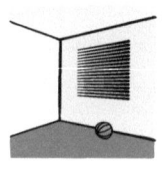

ཕང་གཅལ།
....
sol

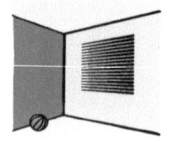

གྱང་།
....
mur

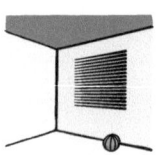

གནམ་གཅལ།
....
plafond

ས་འོག།
....
cave

ཚ་རས་ཁྲུས།
....
sauna

འདིངས་གཡབ།
....
balcon

སྐས་ཞིང་།
....
terrasse

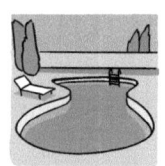

རྫིང་བུ།
....
piscine

རྩྭ་འབྲེག་འཁྲུལ།
....
tondeuse à gazon

ལེབ་མོ།
....
housse

ཉལ་ཁྲིའི་ལེབས།
....
couette

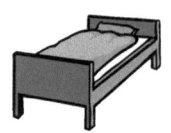

ཉལ་ཁྲི།
....
lit

ཕྱགས་མ།
....
balai

ལྕགས་ཞིམ།
....
sceau

མཐུད་སྒོ
....
interrupteur

salon

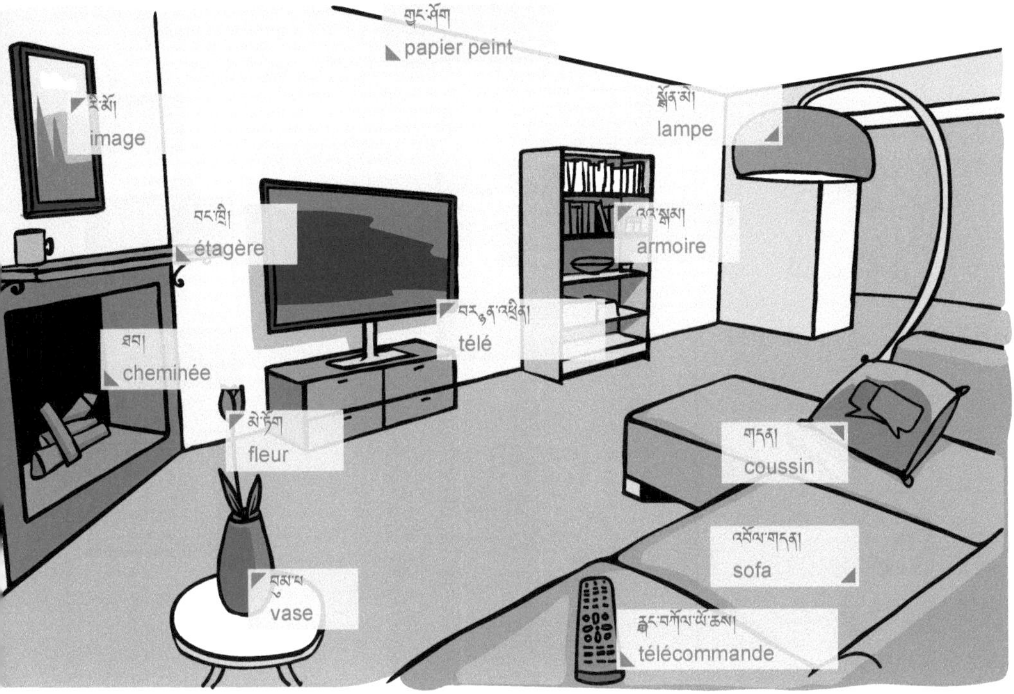

གྱང་ཤོག
papier peint

རི་མོ།
image

སྐྱིན་མ།
lampe

བད་ཁྲི།
étagère

འབར་སྒམ།
armoire

ཁབ།
cheminée

པར་སྟོན་འཕྲུལ།
télé

མེ་ཏོག
fleur

སྒད་སྣ།
coussin

བུམ་པ།
vase

འབོལ་གདན།
sofa

རྒྱང་བཀོལ་ཡོ་ཆས།
télécommande

ས་གདན།
tapis

ཡོལ་བ།
rideau

ཅོག་ཙེ།
table

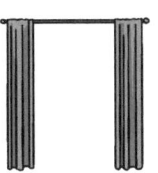

རྐུབ་ཀྱག
chaise

འཁྱོམ་འགུལ་རྐུབ་སྟེགས།
chaise à bascule

རྐུབ་ཀྱག་ལག་འཛིན།
fauteuil

དཔེ་དེབ།

livre

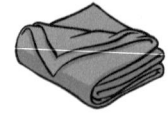

ཉལ་ཐུབ།

couverture

རྒྱན་བཀོད།

décoration

མེ་ཤིང་།

bois de chauffage

གློག་བརྙན།

film

བསྒྲགས་བསྙགས་སྒྲ་ཆས།

chaîne hi-fi

ལྡེ་མིག

clé

གསར་ཤོག

journal

ཚོན་བྲིས།

peinture

གསར་བསྒྲགས་སྤྱར་ཡིག

poster

རླུང་ཕྲིན།

radio

ཟིན་བྲིས།

bloc-notes

རྡུལ་ཕྱགས།

aspirateur

ཀུ་ཤིང་།

cactus

ཡང་ལ།

bougie

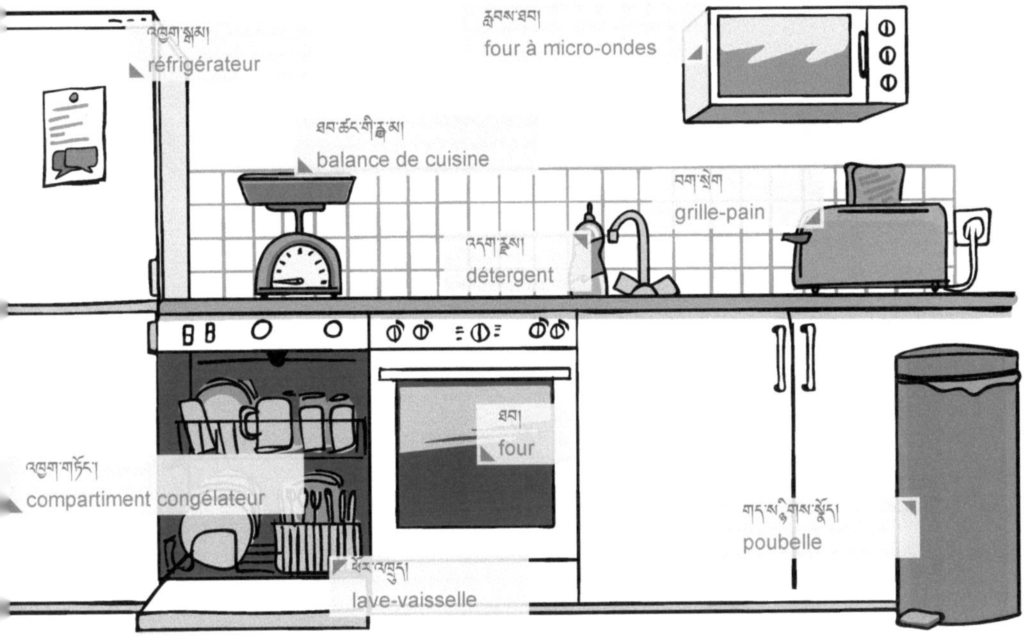

cuisine

འཁྱག་སྒམ།
réfrigérateur

སྐུ་བས་ཐབ།
four à micro-ondes

ཐབ་ཚད་གི་རྒྱ་མ།
balance de cuisine

འདག་རྫས།
détergent

བག་སྲེག
grille-pain

ཐབ།
four

འཁྱག་གཏོང་།
compartiment congélateur

ཕོར་འཁྲུད།
lave-vaisselle

གད་སྙི་གས་སྣོད།
poubelle

དབུགས་རྟོག
four

ཟ་འག།
casserole

ལ་ཅགས་ཟངས།
marmite

སྲང་།
wok / kadai

ཚོད་སྲང་།
poêle

ཇ་ཕྱིར།
bouilloire electrique

ཚོག་སྒམ།

cuiseur vapeur

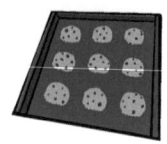

བསྲེགས་སྡེར།

plaque de cuisson

རྐུ་ཆས།

vaisselle

ཀོར།

gobelet

ཕོར་པ།

coupe

ཐུར་མ།

baguettes

གཟར་བུ།

louche

གྱི།

spatule

དཀྲུག་བུར།

fouet

ཚགས་སྣོགས།

passoire

ཚགས་རྒྱ།

tamis

ཞིབ་ཕྲག་འཕུལ་འཁོར།

râpe

སྣོག་ཏིར།

mortier

ཁ་བསྲེགས།

barbecue

མེ་སྣོགས།

cheminée

ཚོད་པང་།

planche à découper

སྐྱིལ་ཤིང་།

rouleau à pâtisserie

ཁད་བ་བཙོག

tire-bouchon

ལྕགས་ཀྱིད་

boîte

ལྕགས་ཀྱིད་ཁ་འབྱེད་ཆས།

ouvre-boîte

ཕོ་སློམ།

maniques

ཆ་ཤུམ།

lavabo

སྐུ་ཤད།

brosse

འཁྲིག་ཤོབ

éponge

ཕུབ་དཀྲུག་འཕྱུལ་འཕོར།

mixeur

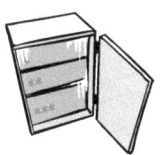

འཁྱག་རབ་འཕྱུལ་འཕོར།

congélateur

ཕྲིས་པའི་ནུ་རྫ།

biberon

སྐུ་བུ།

robinet

salle de bain

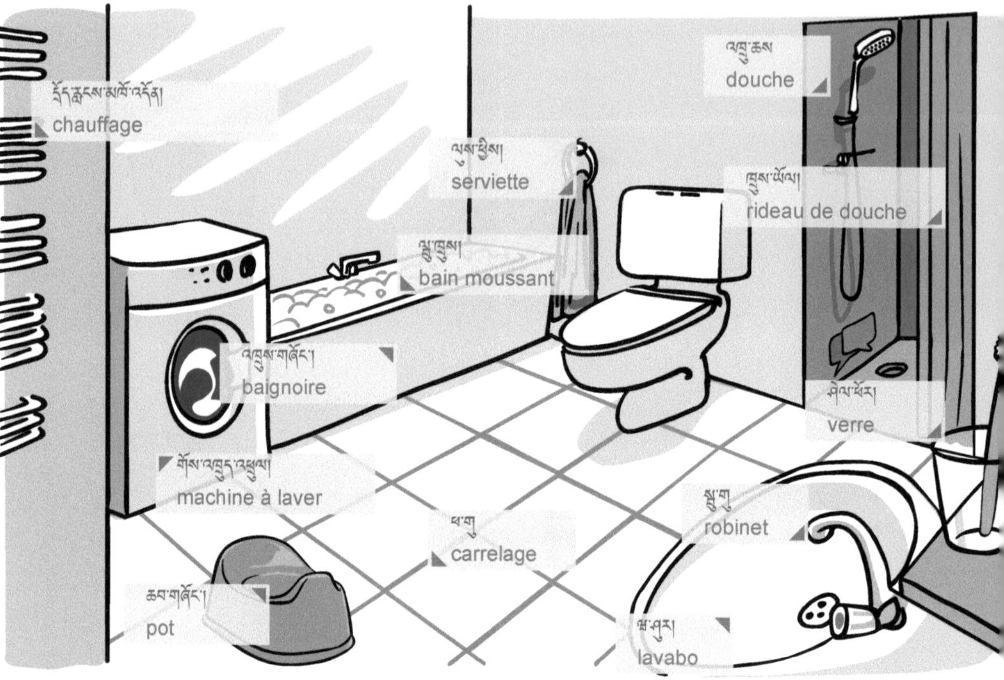

 རྡོ་རྩུངས་མལྕི་འདོམ།
chauffage

ཨལ་ཕིའུ།
serviette

འབུ་ཆས།
douche

ཁྲུས་ཡོལ།
rideau de douche

ལུ་ཁྲུས།
bain moussant

འཁྲུས་གཞོང་།
baignoire

ཤེལ་ཕོར།
verre

གོས་འཁྲུད་འཕྲུལ།
machine à laver

ཐ་ག
carrelage

ཆུ་ལྦ་
robinet

ཆབ་གཏོང་།
pot

ཆུ་ཕུར།
lavabo

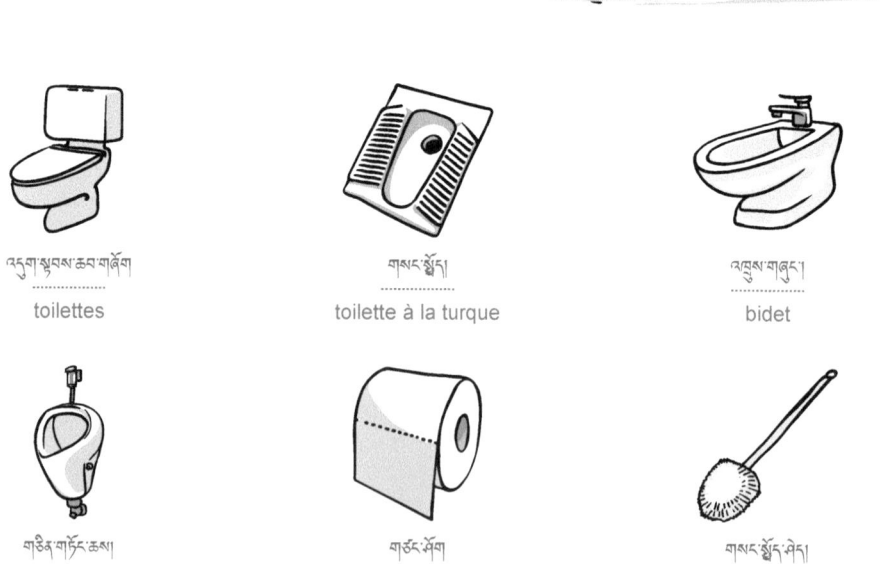

འདུག་སྤུབས་ཆབ་གཤོག	གསང་སྤྱོད།	འཁྲུས་གཞུང་།
toilettes	toilette à la turque	bidet

གཙིན་གཅིང་ཆས།	གཙང་ཤོག	གསང་སྤྱོད་ཤེད།
urinoir	papier toilette	brosse à toilette

 སོ་འཁྲུ།

brosse à dents

སོ་སྨན།

dentifrice

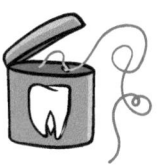

སོ་སྐུད།

fil dentaire

བཀྲུ་བ།

laver

ལག་ཏུ་བཟུང་བའི་འཁྲུ་ཆས།

douche manuelle

ཁྲུས།

douche intime

གཞོང་མ།

vasque

རྒྱབ་ཕད།

brosse dorsale

ཕྱིས་ཆལ།

savon

ཁྲུས་རྫིལ།

gel douche

སྐྲ་འཁྲུད་སྨེ་གུ

shampooing

ལུ་ལག་སྨུ།

gant de toilette

ཆུ་གཏོང་བ།

écoulement

སྐུ་སྨུག

crème

དྲི་ཞིམ།

déodorant

མེ་ལོང་།

miroir

མེ་ལོང་།

miroir cosmétique

སྤུར་བཞར།

rasoir

བཞར་བའི་སྤུམ།

mousse à raser

ཁ་སྤུ་བཞར་རྗེས།

après-rasage

སོ་མང་།

peigne

གདི།

brosse

སྐྲ་འབད་འཕུལ་འཁོར།

sèche-cheveux

འགྱིག་སྤྲིན།

laque pour cheveux

རྩི་པེར།

fond de teint

མཆུ་སྐྱེ།

rouge à lèvres

སེན་སྐྱེ།

vernis à ongles

བལ་ཐུར།

ouate

སེན་ཆག།

coupe-ongles

སྤུ་རྡི་ཞིམ།

parfum

འཁྲུས་ཁུག
trousse de toilette

བཞད་ལྕི་དོར་བ།
tabouret

ལུས་ཚི།
pèse-personne

འཁྲུས་གོས།
peignoir

འགྲིག་སྤྱིན་ལག་ཤུབས།
gants de nettoyage

སྣུད་ཞེབས།
tampon

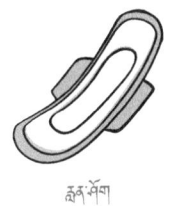

རྣེན་ཤོག
serviettes hygiéniques

 རྫས་འགྱུར་གསང་སྤྱོད།
toilette chimique

བྱིས་པའི་ཁང་པ།

chambre d'enfant

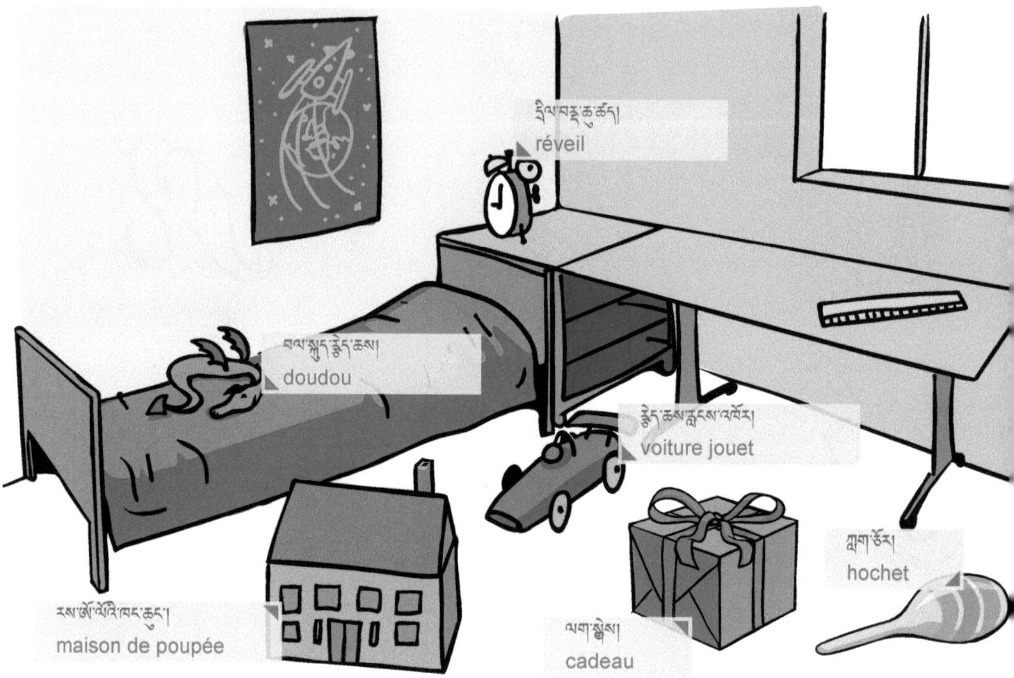
ཉིལ་བརྡ་ཆུ་ཚོད།
réveil
བལ་སྐྱུད་རྩེད་ཆས།
doudou
རྩེད་ཆས་སྣུམ་འཁོར།
voiture jouet
ཀླག་ཅོར།
hochet
རས་ཨོ་ལོའི་ཁང་ཆུང་།
maison de poupée
ལག་རྟགས།
cadeau

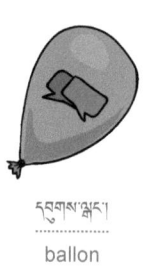

དབུགས་སྒང་།

ballon

ཉལ་ཁྲི།

lit

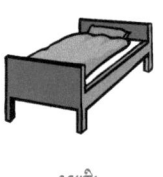

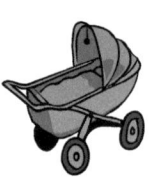

བྱིས་པའི་འཁྱོགས་འཁོར།

poussette

ཤོག་སྦྱག

jeu de cartes

རིས་བསྒྲིག་རྩེད་ཆས།

puzzle

SUPER
MEGA

རྒྱུ་འབྲེལ་རི་མོ།

bande dessinée

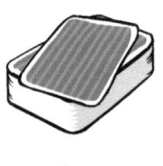

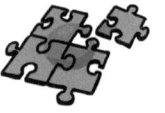

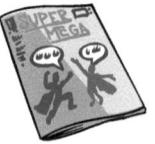

བེ་གོ།
....
pièces lego

བཟོག་ཤིང་།
....
blocs de construction

དཔྱིབས་འགྱུར་འཕུལ་མི།
....
figurine

ཁྱེའུ་ནུར་གོས།
....
grenouillère

འཕར་སྤུར།
....
frisbee

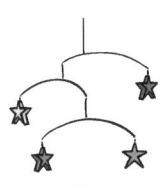

སྤུལ་བདེའི་རྔམ་པ།
....
mobile

མིག་མངས་ཀྱི་རོལ་རྩེད།
....
jeu de société

སོ་རྩེད།
....
dé

དཔེ་རྩིབས་མེ་འཁོར།
....
train miniature

རྣུས་མ།
....
sucette

འདུ་ཚོགས།
....
fête

རི་མོའི་དཔེ་དེབ།
....
livre d'images

པོ་ལོང་།
....
balle

རས་ཨོ་ལོ།
....
poupée

རྩེད་པོ་རྩེ།
....
jouer

ཕྲུས་པའི་ཁང་པ། - chambre d'enfant

བྱེ་རྡོང།

bac à sable

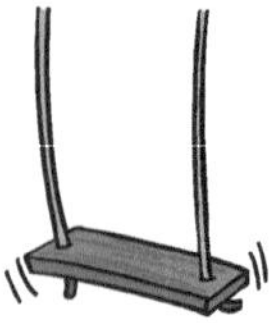

འཕྱང་རྟང།

balançoire

རྩེད་ཆས།

jouets

རྩེད་འཕྲུལ།

console de jeu

འཁོར་གསུམ་འཁོར་ལོ།

tricycle

ཐའི་ཏིདུ་ཞུང་།

ours en peluche

གོས་སྒམ།

armoire

གྱོན་ཆས།

vêtements

རྐང་ཤུབས།

chaussettes

ཨུམ་སུ་ལུ།

bas

རྐང་ཤུབས།

collant

སྐེ་གྱིས། écharpe

གདུགས། parapluie

སྟོད་ཐུང་། t-shirt

རྐེ་རགས། ceinture

ལྷྭམ། bottes

བཞིལ་ལྷྭམ། pantoufles

རྐུབ་སྟེང་གྱོན་ཆས། baskets

འདྲུད་ལྷྭམ། sandales

ལྷྭམ། chaussures

འགྱིག་ལྷྭམ། bottes de caoutchouc

ཨང་རག sous-vêtements

ནུ་ཞིབས། soutien-gorge

རྒྱལ་མེན། maillot de corps

བུ་སྐྱིའི་གྱོན་ཆས།
....
body

རྐང་ཚོ།
....
pantalon

འཇིནས།
....
jean

སྨད་གཡོགས།
....
jupe

འོག་འཇུག
....
chemisier

སྟོད་ཐུང་།
....
chemise

བལ་གོས།
....
pull

ཞྭ་ལྭ།
....
sweat à capuche

ཁྲེད་གོས་སྟོད་ལྭ།
....
veste

རྒྱ་གི་རི།
....
veste

སྟོད་གོས།
....
manteau

ཆར་གོས།
....
imperméable

གྱོན་ཆས།
....
costume

གྱོན་གོས།
....
robe

བག་གོས།
....
robe de mariée

དྲུག་སློག

costume

ཉལ་གོས

chemise de nuit

ཉལ་གོས

pyjama

ས་རི

sari

མགོ་དགྱིས

foulard

ཐོད་དགྱིས

turban

ཕོག་ལ

burqa

ཀ་ཧྲུ་ཏེན

caftan

ཨ་པ་ཡ

abaya

ཆུ་གོས

maillot de bain

བུད་ཁོག

maillot de bain

དོར་ཐུང

short

ལུས་རྩལ་གྱོན་ཆས

tenue d'entraînement

པང་གདན

tablier

ལག་ཤུབས

gants

སྐྲོབ་ག།

bouton

མིག་ཤེལ།

lunettes

ལག་གདུབ།

bracelet

སེ་ཆུན།

collier

ཙིགས་ཕེབས།

bague

རྣ་ལོང་།

boucle d'oreille

ཞྭ།

bonnet

གོས་རྟེད།

cintre

གས་ཞྭ།

chapeau

གོང་དཀྱིས།

cravate

འབྱེན་སྒྲོག

fermeture éclair

རྨོག

casque

དཔུང་ཐག

bretelles

སློབ་གོས།

uniforme scolaire

ཕྱིག་ཆས།

uniforme

སྨུ་ལྔེབས།
bavoir

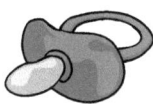

རྐུས་མ།
sucette

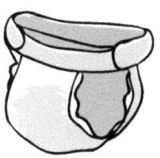

རྒྱ་གདན།
lange

གསལ་ཡེན་པ།
serveur

ཡིག་ཆའི་སྒྲོམ།
armoire d'archivage

ཡིག་དཔར་ཆས།
imprimante

འཆར་ཤེལ།
écran

ཤོག་བུ།
papier

ཙོག་ཙེ།
bureau

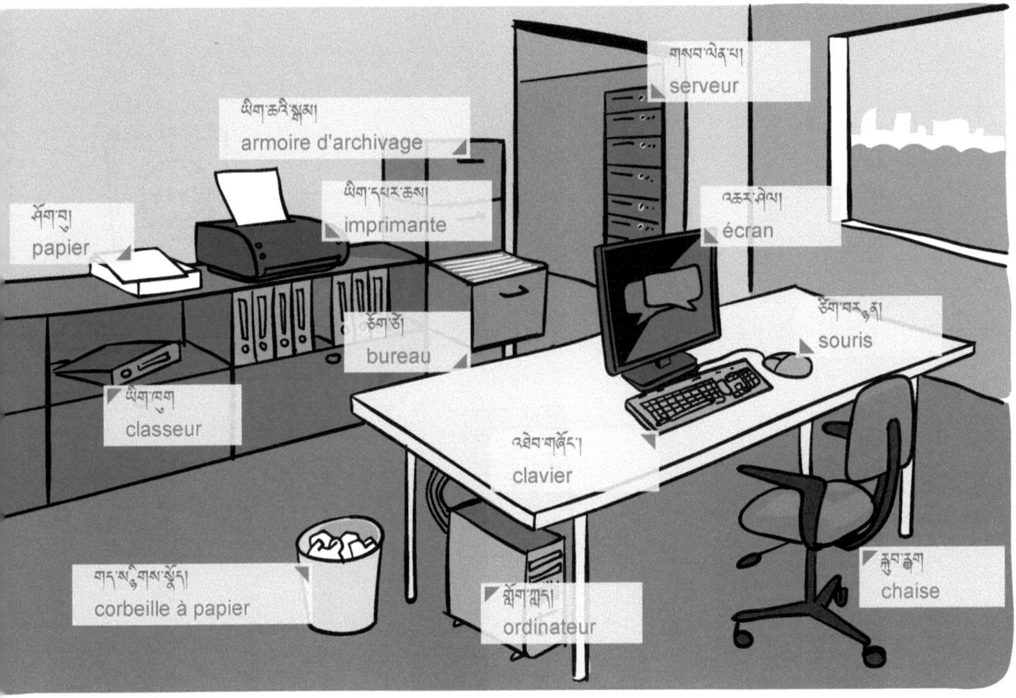

ཙིག་བར་རྡོ།
souris

ཡིག་ལྷབ།
classeur

འབྲེབ་གཞོང་།
clavier

རྒྱབ་རྟེག
chaise

གད་སྙེ་གས་སྙོད།
corbeille à papier

གློག་ཀླད།
ordinateur

ཇིག་ཇ་ཀོ་རེ།
tasse de café

ཨང་རྩིས་འཕྲུལ་བྱེད།
calculatrice

དྲ་རྒྱ།
internet

ལག་འཁྱེར་གློག་ཀླད།
....
ordinateur portable

ཡི་གེ
....
lettre

འཕྲིན་ཕྲད།
....
message

ལག་འཁྱེར་ཁ་པར།
....
portable

དྲ་ལམ།
....
réseau

བཤུར་དཔར་ཆས།
....
photocopieuse

མཉེན་ཆས།
....
logiciel

ཁ་པར།
....
téléphone

སྐར་གདན།
....
prise

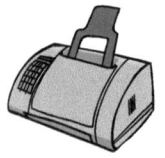

རྒྱུད་འཕྲིན།
....
fax

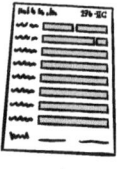

རེའུ་མིག
....
formulaire

ཡིག་ཆ།
....
document

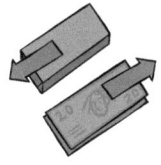

ཉོ།

acheter

དངུལ་སྤྲོད་པ།

payer

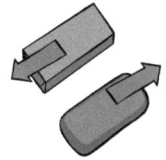

ཚོང་རྒྱག་པ།

faire du commerce

སྒོར་མོ།

monnaie

 USD

ཨ་སྒོར།

dollar

 EUR

ཡོ་སྒོར།

euro

 JPY

ཪི་གོར།

yen

 RUB

རུབ་བྲེས།

rouble

 CHF

སུའི་ཙེར་གྱི་ཧྲ་རན་སིའི་སྒོར་མོ།

franc suisse

 CNY

རྒྱ་ནག་གི་སྒོར་མོ།

renminbi yuan

 INR

ལུའ་པི།

roupie

 ATM

ལག་དངུལ་གྱི་གནས།

distributeur automatique

བརྗེ་འགྱུར་ལས་ཁངས།
....
bureau de change

གསེར།
....
or

དངུལ།
....
argent

སྣུམ།
....
pétrole

ནུས་ཤུགས།
....
énergie

རིན་གོང་།
....
prix

གན་རྒྱ།
....
contrat

དཔྱ་ཁྲལ།
....
taxe

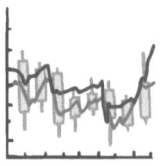

ཚོང་ཤོག
....
action

ལས་ཀ་བྱེད་པ།
....
travailler

ལས་བྱེད་པ།
....
employé

ལས་ཀ་སྤྲོད་མཁན།
....
employeur

བཟོ་གྲྭ།
....
usine

ཚོང་ཁང་།
....
magasin

professions

ཉེན་རྟོག་དམག་མི།
agent de police

མེ་གསོད་དམག་མི།
pompier

མ་བྱན།
cuisinier

སྨན་པ།
médecin

གནམ་གྲུའི་ཁ་ལོ་བ།
pilote

ལྗོངས་ར་པ།
jardinier

ཤིང་བཟོ་བ།
menuisier

ཚེམ་མཁན་མ།
couturière

ཁྲིམས་དཔོན།
juge

རྫས་སྦྱོར་མཁས་པ།
chimiste

གློག་བརྙན་འཁྲབ་སྟོན་པ།
acteur

ཁ་ལོ་པ།

conducteur de bus

སྐྱ་རྣམ་རྡུངས་འཕྲད་ཁ་ལོ་བ།

chauffeur de taxi

ཉ་པ།

pêcheur

གཙང་སྦྲ་བྱེད་མཁན།

femme de ménage

ཁང་ཐོག་བཟོ་མཁན།

couvreur

ཞབས་ཞུ་བ།

serveur

རྔོན་པ།

chasseur

ཚོན་རྩི་གཏོང་མཁན།

peintre

བག་ལེབ་ལས་མཁན།

boulanger

གློག་བཟོ་མཁན།

électricien

ཨར་ལས་པ།

ouvrier

ཨར་ལས་འཆར་འགོད་པ།

ingénieur

བཤན་པ།

boucher

ཆུ་ལས་བཟོ་སྐྲུག་པ།

plombier

ཡིག་སྐྱེལ་བ།

facteur

དམག་མི།
soldat

ཨར་ལས་པ།
architecte

དངུལ་གཉེར།
caissier

མེ་གསོད་ལག་ལེན།
fleuriste

སྐྲ་བཟོ་ལག་ལེན།
coiffeur

སྐུ་འདྲེན།
contrôleur

བཟོ་ལས་པ།
mécanicien

འགོ་ཁྲིད།
capitaine

སོའི་སྨན་པ།
dentiste

ཚན་རིག་པ།
scientifique

འཇིན་སློབ་དཔོན།
rabbin

ཨི་མམ།
imam

གྲྭ་པ།
moine

ཆོས་དོན་གཉེར་ལག་ལེན།
prêtre

སྤྱོད་ཆས།

outils

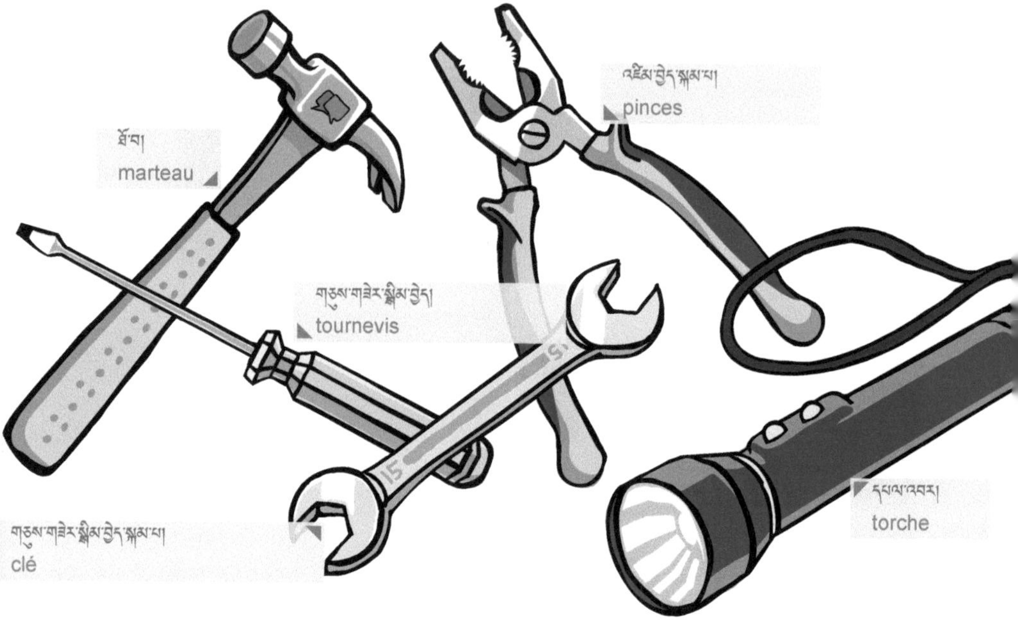
ཐོ་བ།
marteau
འཛིམ་བྱེད་སྐམ་པ།
pinces
གཅུས་གཟེར་སྐྲིམ་བྱེད།
tournevis
གཅུས་གཟེར་སྐྲིམ་བྱེད་སྐམ་པ།
clé
དཔལ་འབར།
torche

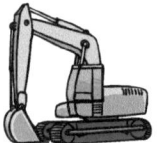

ཕྱོག་མཁན།

pelleteuse

སྤྱོད་ཆས་སྒམ།

boîte à outils

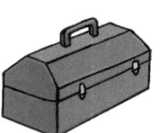

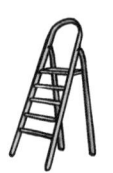

འཛེགས་སྐས།

échelle

སོག་ལེ།

scie

ལྕགས་གཟེར།

clous

འབིགས་གསོར་འཕྲུལ་འཁོར།

perceuse

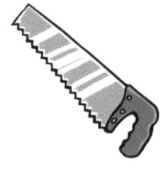

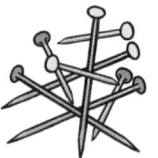

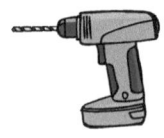

བཀོ་བཅོས་རྒྱག་པ།
....
réparer

སྐྱག་མ།
....
pelle

ཨ་མའི་ག
....
Mince !

གད་གཉིགས་གཡུགས་བྱེད་སྐྱགས།
....
pelle

ཚོན་རྡོ།
....
pot de peinture

གཅུས་གཟེར།
....
vis

རོལ་ཆས།

instruments de musique

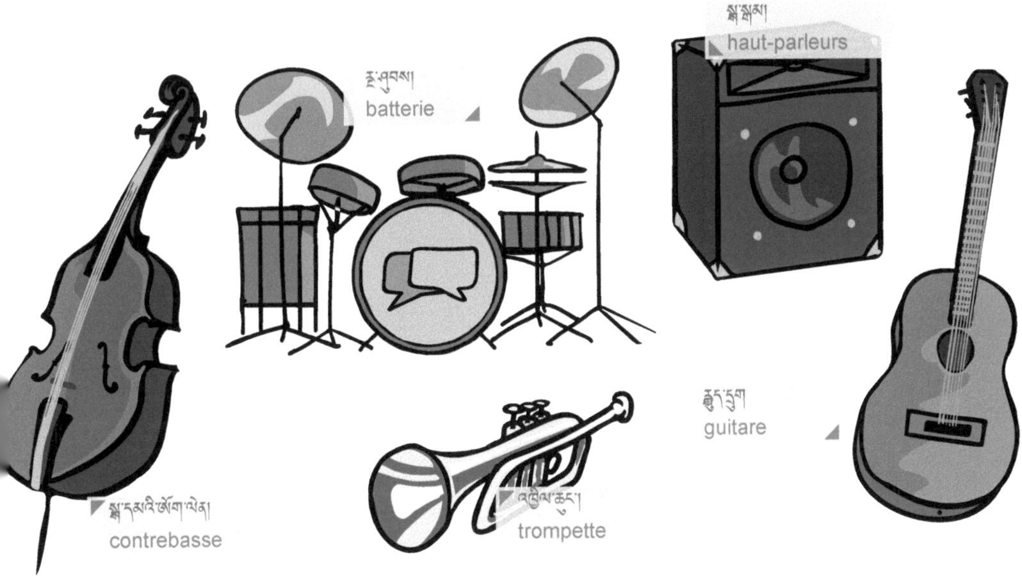

སྒྲ་སྒྲོམ།
haut-parleurs

རྔ་ཤུབས།
batterie

རྒྱུད་དུག
guitare

སྒྲ་དམའི་ཡོག་ཡེན།
contrebasse

བཞིལ་ཆུང་།
trompette

རྡོ་སྙན། .

piano

འདེགས་ཆུང་།

violon

སྐྱ་གདངས་དམའ་བ།

basse

རྔ་སྒྲིག་རྫས་པ།

timbales

རྔ།

tambour

མཉེབ་གཏོང་།

piano électrique

ལག་མཚོན།

saxophone

འཕྱེད་གླིང་།

flûte

སྐད་སྒྲོག

microphone

ZOO

 སྒོ་ཁ།
entrée

སྟག
tigre

གཟེབ།
cage

རྟ་ཁྲ།
zèbre

གཅན་གཟན་གསོས་ཀྱི་ཟོ་སྟོར་བ།
alimentation animale

དོམ་ཁྲ།
panda

སྤོག་ཆགས།

animaux

གླང་ཆེན།

éléphant

ཀངྒུརུ།

kangourou

བསེ་རུ།

rhinocéros

མི་རྟོན།

gorille

དོམ།

ours

རྔ་མོང་།

chameau

རྔ་མོང་བྱ་ཆེན།

autruche

སེང་གེ།

lion

སྤྲེའུ།

singe

དང་པའི་ཆུ་ལག་པོ།

flamand rose

ནེ་ཙོ།

perroquet

དོམ་དཀར།

ours polaire

བྱ་ཆེན་པེ་དང་གུན།

pingouin

ཆུ་ཆེན་གཉན།

requin

རྨ་བྱ།

paon

སྦྲུལ།

serpent

ཆུ་སྲིན།

crocodile

གཅན་གཟན་ཁང་གི་གཉེར་ཨཱ་འཛིན།

gardien de zoo

མཚོ་གྲུང་།

phoque

གཅན་གཟན་གྲུང་།

jaguar

ཡུལ་རྟ།

poney

གཟིག

léopard

མ་ཆུ་ཐབ།

hippopotame

ཤི་ཁུ་ལེ་རིང་།

girafe

ཁྲ།

aigle

ཕོ་ཐབ།

sanglier

ཉ།

poisson

རུས་སྦལ།

tortue

ཕྱིལ་རས།

morse

ཝ་མོ།

renard

དགོ་བ།

gazelle

sports

ཨ་རིའི་རྐང་རྩེད་སྤོ་ལོ།
american Football

རྣམ་འགྲོ་རི་ལ་བཞོན་པ།
cyclisme

ཏེ་ནི་སི།
tennis

ལན་ཆིའི་སྤོ་ལོ།
basket-ball

ཆུ་སྐྱལ་བ།
natation

དྲེག་མེད།
boxe

རྡོག་ཀིའི།
hockey sur glace

རྐང་རྩེད་སྤོ་ལོ།
football

བ་སྤོའི་སྤོ་ལོའི་རྩེད་མོ།
badminton

ལུས་རྩལ་ལས་འགུལ།
athlétisme

ལག་རྩེད་སྤོ་ལོ།
handball

གངས་ཤུད་པ་ལེབ།
ski

པོ་ལོ།
polo

བྱེད་ལས།

activités

གད་མོ་དགོད་པ།
rire
མཆོང་བ།
sauter
འཐམ་འཁྱུད་བྱེད་པ།
embrasser
གོམ་པ་རྒྱག་པ།
marcher
གླུ་ལེན་པ།
chanter
རྨི་ལམ་སྒྱོང་བ།
rêver
གསོལ་བ་འདེབས་པ།
prier
འོ་བྱེད་པ།
faire la bise

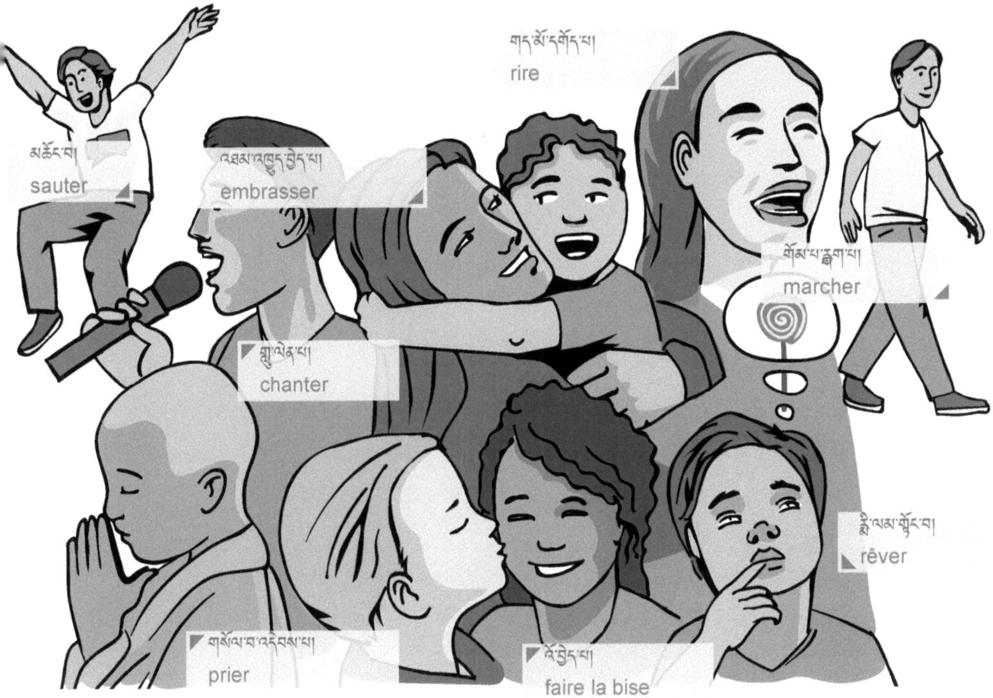

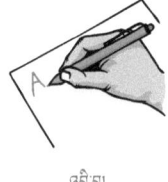

འབྲི་བ།

écrire

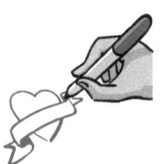

འབྲི་བ།

dessiner

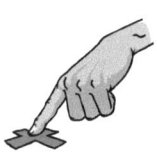

མིག་ལ་སྟོན་པ།

montrer

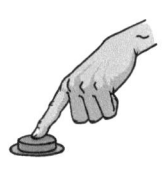

འབུད་རྒྱག་གཏོང་བ།

pousser

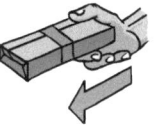

སྤྲོད་པ།

donner

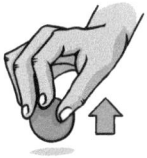

ལེན་པ།

prendre

ཡོད་པ།

avoir

བྱེད།

faire

ཡིན།

être

ལངས་པ།

être debout

རྒྱུག་པ།

courir

འབྲེན་པ།

trier

འཕེན་པ།

jeter

ལྷུང་བ།

tomber

ཉལ་བ།

être couché

སྒུག་པ།

attendre

འཁྱེར།

porter

མར་སྡོད་པ།

être assis

གྱོན་པ།

s'habiller

གཉིད་ཁུག་པ།

dormir

ཡར་ལངས་པ།

se réveiller

ལྟ་བ།

regarder

དུ་བ།

pleurer

གོན་པ་གློན་པ།

caresser

སྐྲ་བཏད་པ།

peigner

སྐད་ཆ་གཤད་པ།

parler

རྟོགས་པ།

comprendre

དྲི།

demander

ཐོས་པ།

écouter

འཐུང་།

boire

ཟ།

manger

ལེགས་སྒྲིག

ranger

དགའ་བ།

aimer

བཙོ་བ།

cuire

རྣུངས་འཁོར་གཏོང་བ།

conduire

འཕུར་བ།

voler

རླུང་མཚོར་སྐྱོད་པ།

faire de la voile

རྩིས་རྒྱག་པ།

calculer

ཀློག་པ།

lire

སློབ་སྦྱོང་བྱེད་པ།

apprendre

ལས་ཀ་བྱེད་པ།

travailler

གཉེན་སྒྲིག་བྱེད་པ།

se marier

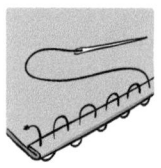

འཚེམ་པ།

coudre

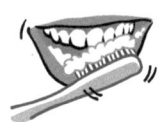

སོ་འཁྲུད།

brosser les dents

གསོད་པ།

tuer

འདུད་པ་འཐེན་པ།

fumer

གཏོང་བ།

envoyer

famille

ཕྱི་མོ།
grand-mère

ཕོ་པོ།
grand-père

ཨ་པ།
père

ཨ་མ།
mère

ཕྲུག་ལ།
bébé

བུ་མོ།
fille

བུ་ཕྲུག
fils

མགྲོན་པོ།
....
hôte

ཨ་ནེ།
....
tante

ཨ་ཁུ།
....
oncle

ཕ་ནུ།
....
frère

ཨ་ཅེ།
....
sœur

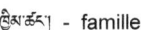

corps

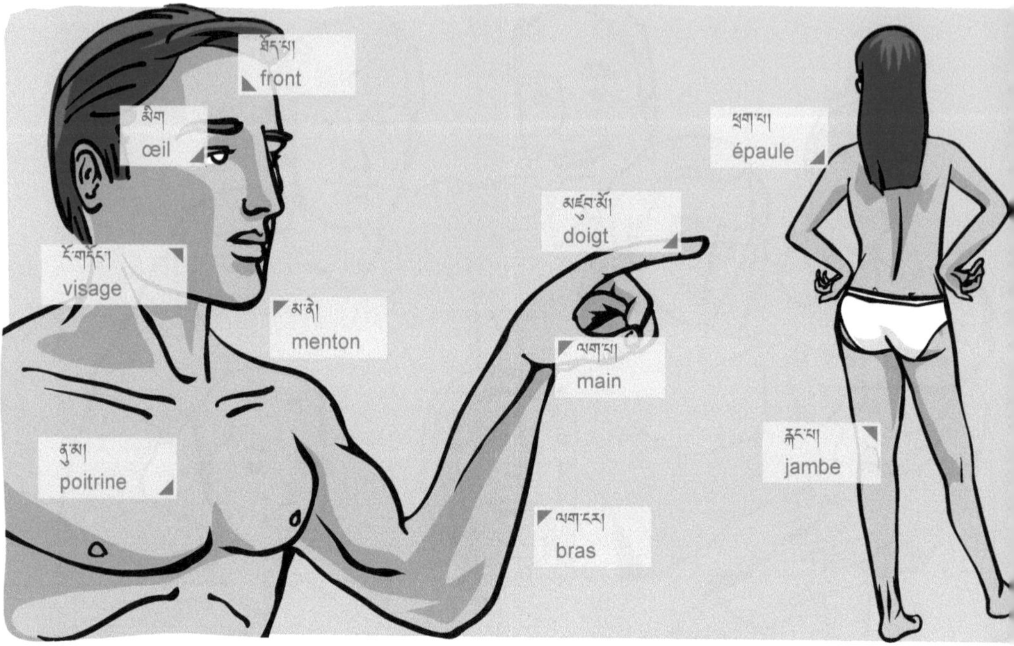

སྟོད་པ། ▸ **front**

སྤྱི་ག **œil**

རྡོག་གདོང་། **visage**

མ་ནི། ▸ **menton**

བྲང་མ། **poitrine**

མཛུབ་མོ། **doigt**

ལག་པ། ▸ **main**

ལག་ངར། **bras**

ཕྲག་པ། **épaule**

རྐང་པ། **jambe**

ཕྲིས་པ།
----
bébé

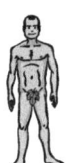

སྐྱེས་པ
----
homme

བུད་མེད།
----
femme

བུ་མོ།
----
fille

བུ།
----
garçon

མགོ།
----
tête

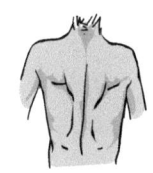

སྐྱལ་པ།

dos

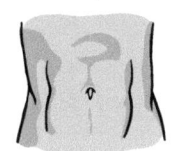

ཚོག་པ།

ventre

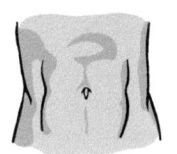

ལྟེ་བ།

nombril

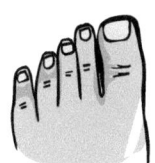

རྐང་མཛུབ།

orteil

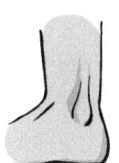

རྟིང་ཀ།

talon

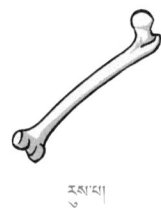

རུས་པ།

os

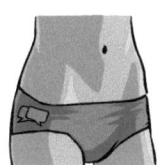

དཔྱི་མགོ།

hanche

པུས་མོ།

genou

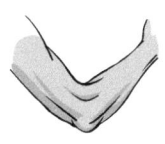

གྲུ་མོ།

coude

སྣ།

nez

རྐུབ།

fesses

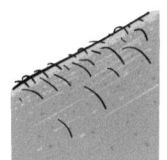

པགས་པ།

peau

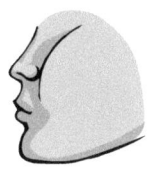

འགྲམ་པ།

joue

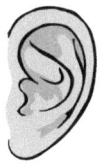

རྣ་མཆོག

oreille

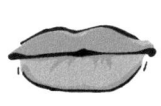

མཆུ།

lèvre

ཁ

bouche

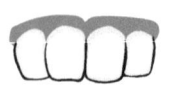

སོ

dent

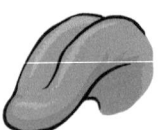

ལྕེ

langue

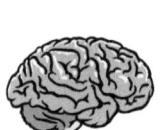

ཀླད་པ

cerveau

སྙིང

cœur

ཤ་གནད

muscle

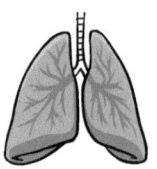

གློ་བ

poumons

མཆིན་པ

foie

གྲོད་པ

estomac

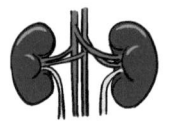

མཁལ་མ

reins

འཁྲིག་སྤྱོད

rapport sexuel

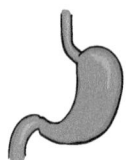

ཕུང་ལུབས

préservatif

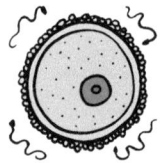

ཁམས་དམར

ovule

ཁམས་དཀར

sperme

སྦྲུམ་མའི་གནས་སྐབས

grossesse

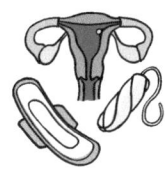

རྫུ་མ་ཚན།
....
menstruation

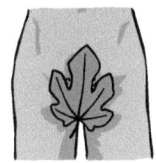

སྐྱེ་སྒོ།
....
vagin

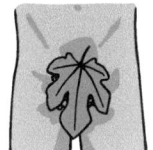

ཕོ་མཚན།
....
pénis

སྨིན་མ།
....
sourcil

སྐྲ།
....
cheveux

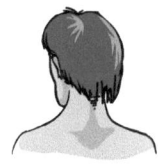

སྐེ།
....
cou

hôpital

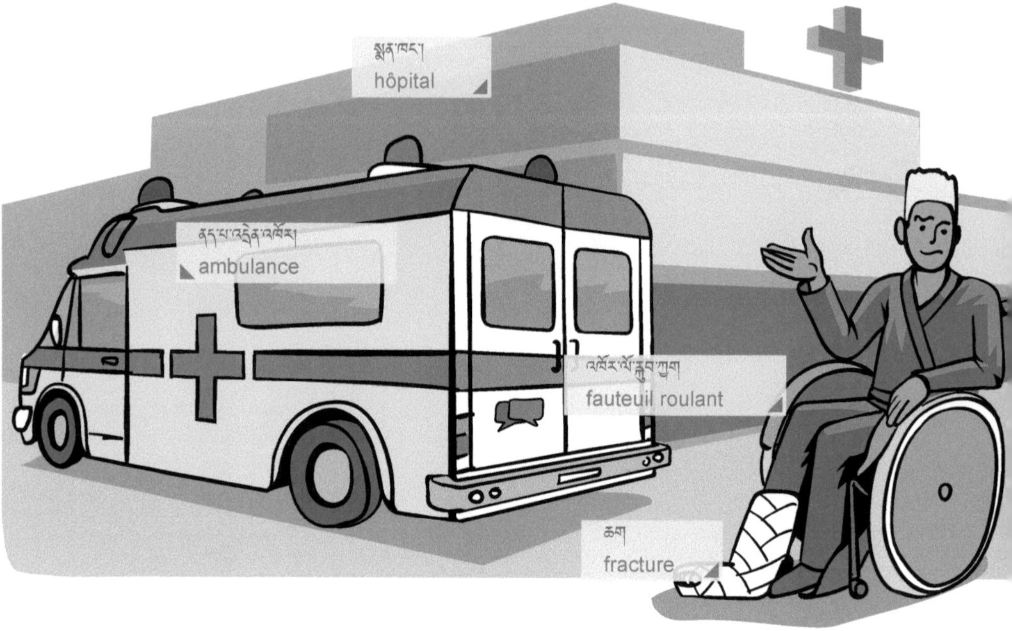

སྨན་ཁང་།
hôpital
ནད་པ་འདྲེན་འཁོར།
ambulance
འཁོར་ལོ་རྐུབ་ཀྱག
fauteuil roulant
ཆག
fracture

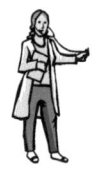

སྨན་པ།

médecin

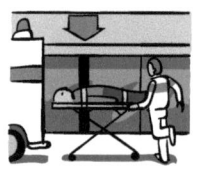

མྱུར་སྐྱོབ་ཁང་།

service des urgences

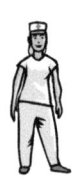

ནད་གཡོག

infirmière

མྱུར་སྐྱོབ།

urgence

དྲན་པ་འཐོར།

inconscient

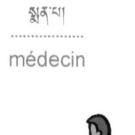

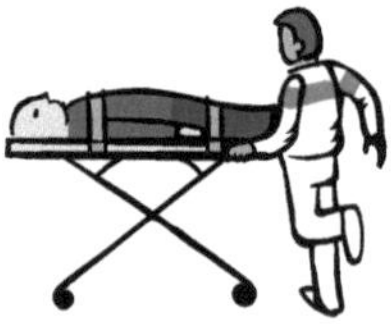

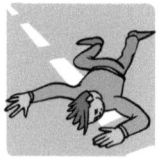

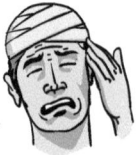

ཟུག་རྫུ།

douleur

སྐྲོན།

blessure

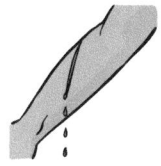

ཁྲག་བཞུར་བ།

hémorragie

སྙིང་འཁྲུག་དགོས་པ།

crise cardiaque

གཟན་ཐོག

attaque cérébrale

ཚམས་ཆི།

allergie

གློ་རྒྱག་པ།

toux

ཚ་བ་རྒྱས་པ།

fièvre

ཚམས་རིམས།

grippe

བཤལ་ནད།

diarrhée

མགོ་ན།

mal de tête

སྐྲན་ནད།

cancer

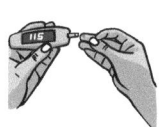

གཅིན་སྙི།

diabète

གཤག་གཅོད་སྨན་པ།

chirurgien

གཤག་བཅོས་གྲི།

scalpel

བཀོག་སྦྱོང་།

opération

སྨན་ཁང་། - hôpital

73

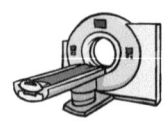

CT ཞིབ་བཤེར།

CT

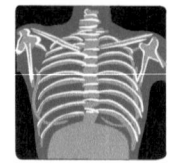

གློག་དཔར།

radiographie

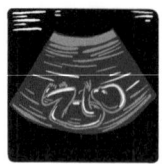

བརྒྱལ་སྐྱེའི་གློག་དཔར།

échographie

 རྡོ་ཞིབས།

masque

ནད།

maladie

སྒུག་ཁང་།

salle d'attente

ཤུ་པོའི་འབར་ཤིང་།

béquille

ཐལ་རྒྱག།

pansement

རྩ་དཀྲིས།

pansement

ཁབ།

injection

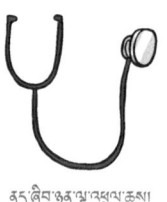

ནད་ཞིབ་ཅུན་ལྟ་འཕུལ་ཆས།

stéthoscope

འགྲོག་འཕུང་།

brancard

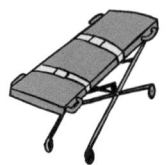

ཚ་དྲག་རྩིས་ཆས།

thermomètre

སྐྱེ་བ།

accouchement

ལྕི་ད་བཀྲལ།

surcharge pondérale

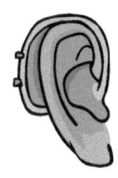

ཅན་པར་ལོ་བྱད།
appareil auditif

དུག་སེལ་སྨན་རྫས།
désinfectant

འགོ་བ།
infection

དུག་སྲིན།
virus

ཨེ་ཚི་ཨེན་དུག
VIH / sida

སྨན།
médicament

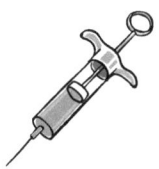

སྐྱིན་འགོག་སྨན་ཁབ།
vaccination

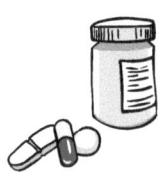

སྨན་རིལ།
comprimés

སྐྱི་འགོག་སྨན།
pilule

སྐུར་སྐྱོབ་འབོད་པ།
appel d'urgence

ཁྲག་གཤེད་ཚུལ་ཆས།
tensiomètre

ནད་པ་བདེ་ཕོ་ཐང་པོ།
malade / sain

སློག་སློབ་ཡ།

Au secours !

ཉེན་བརྡ།

alarme

རློག་འཛིངས།

assaut

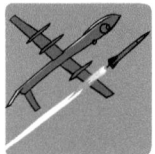

བཙན་རློག

attaque

ཉེན་ཁ།

danger

བྲལ་སྐྱབ་ཐོན་སྒོ།

sortie de secours

མེ།

Au feu!

མེ་གསོད་ལོ་བྱུད།

extincteur

འཕྲལ་ཉེན།

accident

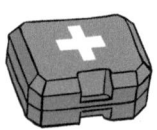

སྐྱར་སློབ་སྒྲོམ།

trousse de premier secours

ཚེ་སློག་སློབས།

SOS

ཉེན་རློག་པ།

police

ཡོ་རོབ།

Europe

ཨ་མེ་རི་ཀའི་བྱང་མ།

Amérique du Nord

a་མེ་རི་ཀའི་ལྷོ་མ།

Amérique du Sud

ཨ་ཧྥེ་རི་ཀ།

Afrique

ཨེ་ཤེ་ཡ།

Asie

ཨོ་སི་ཏྲོལ་ལི་ཡ།

Australie

རྒྱབ་ཆེན་རྒྱ་མཚོའི་

Océan atlantique

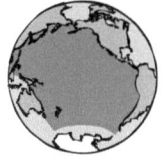

ཞི་བདེའི་

Océan pacifique

རྒྱ་གར་རྒྱ་མཚོ།

Océan indien

ལྷོ་སྦྱིའི་རྒྱ་མཚོ།

Océan antarctique

བྱང་སྦྱི་བྱང་མའི་རྒྱ་མཚོ།

Océan arctique

བྱང་རྩེ།

pôle nord

ཨོ་སྲོ།

pôle sud

ཨོ་སྲོ་གྲིད།

Antarctique

ས་གོ་ལ།

terre

ས།

pays

རྒྱ་མཚོ།

mer

གླིང་ཀ།

île

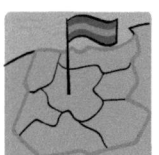

རྒྱལ་ཁབ།

nation

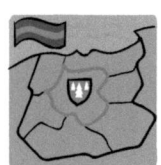

རྒྱལ་ཁབ།

état

ཆུ་ཚོད།

cadran

ཆུ་ཚོད་ཀྱི་མདའ།

aiguille des heures

སྐར་མདའ།

aiguille des minutes

སྐར་མདའ།

aiguille des secondes

དུས་ཚོད་ག་ཚོད་རེད།

Quelle heure est-il ?

ཉིན།

jour

དུས་ཚོད།

temps

ད་ལྟ།

maintenant

མཛུབ་དཔྱིབས་ཅན་གྱི་ཆུ་ཚོད

montre digitale

སྐར་མ།

minute

དུས་ཚོད།

heure

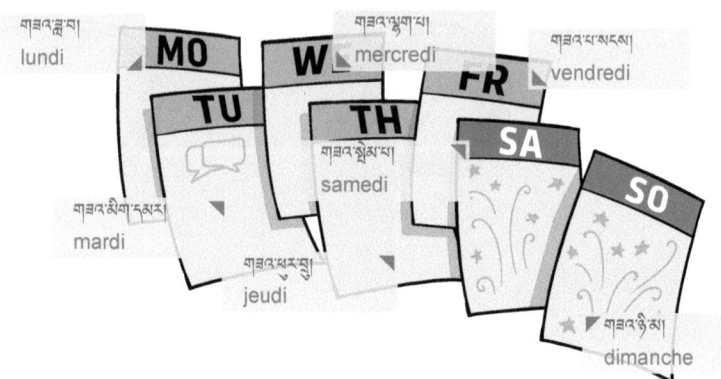

གཟའ་ཟླ་བ།
lundi

གཟའ་ལྷག་པ།
mercredi

གཟའ་པ་སངས།
vendredi

གཟའ་མིག་དམར།
mardi

གཟའ་སྤེན་པ།
samedi

གཟའ་ཕུར་བུ།
jeudi

གཟའ་ཉི་མ།
dimanche

ཁ་སང་།

hier

དེ་རིང་།

aujourd'hui

སང་ཉིན།

demain

ཞོགས་པ།

matin

ཉིན་དགུང་།

midi

དགོངས་མོ།

soir

MO	TU	WE	TH	FR	SA	SU
1	2	3	4	5	6	7
8	9	10	11	12	13	14
15	16	17	18	19	20	21
22	23	24	25	26	27	28
29	30	31	1	2	3	4

ལས་གཡེང་ཉིན་མོ།

jours ouvrables

MO	TU	WE	TH	FR	SA	SU
1	2	3	4	5	6	7
8	9	10	11	12	13	14
15	16	17	18	19	20	21
22	23	24	25	26	27	28
29	30	31	1	2	3	4

བདུན་ཕྲག་གི་མཐའ་འཛུག

week-end

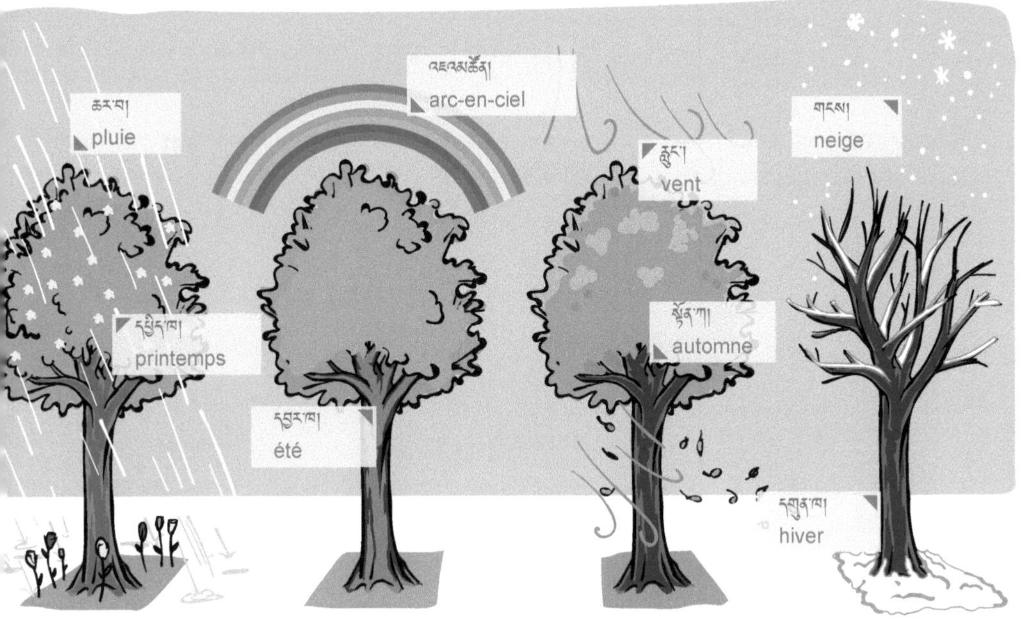

année

ཆར་པ།
▶ pluie

འཇའ་ཚོན།
▶ arc-en-ciel

རླུང་།
▶ vent

གངས།
▶ neige

དཔྱིད་ཁ།
printemps

དབྱར་ཁ།
été

སྟོན་ཁ།
▶ automne

དགུན་ཁ།
▶ hiver

4.APRIL	11°	☀
5.APRIL	4°	☂
6.APRIL	13°	☂
7.APRIL	8°	❄
8.APRIL	10°	☀

གནམ་གཤིས་སྟོན་པ་བྱེ།

météo

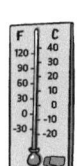

དྲོད་ཚད་རྐྱེས་ཆས།

thermomètre

ཉི་འོད།

lumière du soleil

སྤྲིན།

nuage

སྨུག་པ།

brouillard

བརླན་ཚད།

humidité

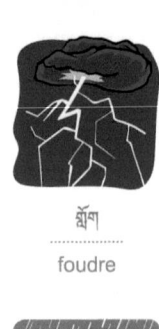

སྐྲག

foudre

འབྲུག་སྐད།

tonnerre

རླུང་འཚུབ།

tempête

སེར་བ།

grêle

དུས་ཆུང་།

mousson

ཆུ་ལོག

inondation

འཁྱགས་པ་

glace

ཟླ་བ་དང་པོ།

janvier

ཟླ་བ་གཉིས་པ།

février

ཟླ་བ་གསུམ་པ།

mars

ཟླ་བ་བཞི་པ།

avril

ཟླ་བ་ལྔ་བ།

mai

ཟླ་བ་དྲུག་པ།

juin

ཟླ་བ་བདུན་པ།

juillet

ཟླ་བ་བརྒྱད་པ།

août

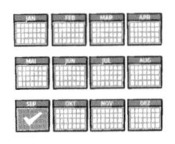

སྤྱི་ཟླ་དགུ་པ།
....
septembre

སྤྱི་ཟླ་བཅུ་པ།
....
octobre

སྤྱི་ཟླ་བཅུ་གཅིག་པ།
....
novembre

སྤྱི་ཟླ་བཅུ་གཉིས་པ།
....
décembre

formes

སྒོར་སྒོར།
....
cercle

གྲུ་བཞི་མ།
....
carré

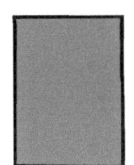

གྲུ་བཞི་རིང་མོ།
....
rectangle

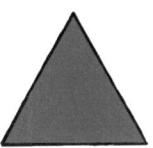

ཟུར་གསུམ་མ།
....
triangle

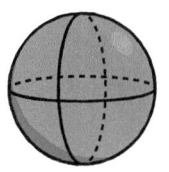

སྒོར་གཟུགས།
....
sphère

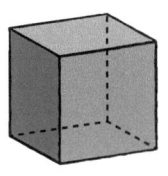

རི་དཔངས་གྲུ་བཞི་མ།
....
cube

couleurs

དཀར་པོ།

blanc

སེར་པོ།

jaune

ལི་དབང་།

orange

ཟིང་སྐྱ།

rose

དམར་པོ།

rouge

མུ་མེན་མདོག

violet

སྔོན་པོ།

bleu

ལྗང་ཁུ།

vert

རྒྱ་སྨུག

marron

སྐྱ་པོ།

gris

ནག་པོ།

noir

oppositions

མང་པོ་ཉུང་བ།

beaucoup / peu

ཁྲོ་པོ་ཞི་འཛུམ་ཅན།

fâché / calme

མ་རབས་ཧ་ལས།

joli / laid

སྒོ་བཀྲམས་པ་མཇུག་སྐྱེལ།

début / fin

ཆེ་ག་ཆུང་བ།

grand / petit

བོད་ཕྱོགས་པོ་མ་མུན་ནག

clair / obscure

ཕ་སྲུ་ཨ་ཆེ།

frère / soeur

གཙང་མ་བཙོག་པ།

propre / sale

ཆ་ཚང་བ་ཆ་མ་ཚང་བ།

complet / incomplet

ཉིན་པོ་མཚན་པོ།

jour / nuit

གཤིན་པོ་གསོན་པོ།

mort / vivant

ཡངས་པོ་དོག་པོ།

large / étroit

ཟ་རུང་།ཟ་མི་རུང་བ།

comestible / incomestible

དན་པ།ཤེམས་བཟང་།

méchant / gentil

དགའ་སྤྲོ་སྐྱེ།གགས་སྣང་སྐྱོས་པ།

excité / ennuyé

ཚོན་པོ།རིད་པོ

gros / mince

དང་པོ།མཐའ་མ།

premier / dernier

གྲོགས་པོ།དགྲ་བོ།

ami / ennemi

ཁེངས་པ།སྟོང་པ།

plein / vide

མཁྲེགས་པོ།འཇམ་པོ།

dur / souple

ལྗིད་པོ།ཡང་པོ།

lourd / léger

བཀྲེས་པ།སྐོམ་པ།

faim / soif

ནད་པ།འདི་པོ་ཟང་པོ།

malade / sain

ཁྲིམས་འགལ་གྱི།ཁྲིམས་ཀྱི

illégal / légal

རིག་པ་ཅན།གློན་པ།

intelligent / stupide

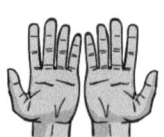

གཡོན།གཡས།

gauche / droite

ཉེ་པོ།ཐག་རིང་པོ།

proche / loin

གསར་པ་རྙིང་པོ།

nouveau / usé

གང་ཡང་མིན་པ་གང་རེ་ཡིན་ན།

rien / quelque chose

ལོན་མ་པོ་བ་ག་གཞོན་ནུ།

vieux / jeune

སྤྱོད་ཁར།

marche / arrêt

ཁ་འབྱེད་ནས་ཡོད་པ་འི་བཅད་ནས་ཡོད་པ་འི།

ouvert / fermé

ཁ་མིས་པོ་ཤུ་ཆེན་པོ།

faible / fort

ཕྱུག་པོ་དབུལ་པོ།

riche / pauvre

ཚོས་རེས་ནོར་བ།

correct / incorrect

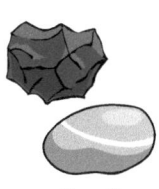

རྩུབ་པོ་འཇམ་པོ།

rugueux / lisse

ཡིད་སྐྱོའི་དགའ་པོ།

triste / heureux

ཐུང་བ་རིང་བ།

court / long

དལ་བུ་མྱུར་བ།

lent / rapide

རློན་པ་སྐམ་པོ།

mouillé / sec

རྡོན་པོ་གྲང་པོ།

chaud / froid

འཐབ་པ།

guerre / paix

nombres

0	**1**	**2**
གྲངས་ཀོ་མ།	གཅིག	གཉིས།
zéro	un / une	deux
3	**4**	**5**
གསུམ།	བཞི།	ལྔ།
trois	quatre	cinq
6	**7**	**8**
དྲུག	བདུན།	བརྒྱད།
six	sept	huit
9	**10**	**11**
དགུ	བཅུ།	བཅུ་གཅིག
neuf	dix	onze

12

བཅུ་གཉིས།
douze

13

བཅུ་གསུམ།
treize

14

བཅུ་བཞི།
quatorze

15

བཅོ་ལྔ།
quinze

16

བཅུ་དྲུག
seize

17

བཅུ་བདུན།
dix-sept

18

བཅོ་བརྒྱད།
dix-huit

19

བཅུ་དགུ
dix-neuf

20

ཉི་ཤུ།
vingt

100

བརྒྱ།
cent

1.000

སྟོང་།
mille

1.000.000

ས་ཡ།
million

langues

དབྱིན་སྐད།

anglais

ཨ་རིའི་དབྱིན་སྐད།

anglais américain

སྐྱི་སྐད།

chinois mandarin

ཧིན་དི།

hindi

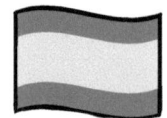

སི་པེན་གྱི་སྐད་རིགས།

espagnol

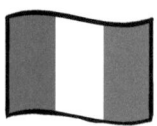

ཕ་རན་སིའི་སྐད་རིགས།

français

ཨ་རབ་ཀྱི་སྐད་རིགས།

arabe

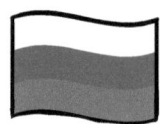

ཨ་ར་སོའི་སྐད་རིགས།

russe

པོར་ཐི་ན་གལ་གྱི་སྐད་རིགས།

portugais

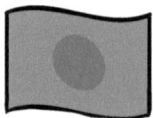

སྦུང་ག་ལ་སྐད་རིགས།

bengali

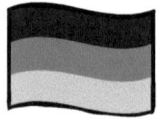

འཇར་མན་སྐད་རིགས།

allemand

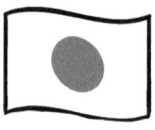

ཇར་པན་སྐད་རིགས།

japonais

ང་།

je

ཁྱེད་རང་།

tu

♂ ♀ ○

ཁོ་མོ་འདི།

il / elle / ce, c', cela

ང་ཚོ།

nous

ཁྱེད་ཚོ།

vous

ཁོ་ཚོ།

ils / elles

སུ།

Qui ?

ག་རེ།

Quoi ?

ག་འདྲ།

Comment ?

ག་བ།

Où ?

ག་དུས།

Quand ?

HELLO, I AM

མིང་།

nom

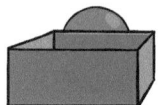

རྒྱབ་ན།
....
derrière

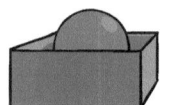

ནང་ན།
....
dans

མདུན་ན།
....
devant

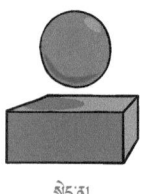

སྟེང་ན།
....
au-dessus

སྟེང་ན།
....
sur

འོག་ན།
....
en-dessous

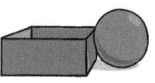

འགྲམ་དུ།
....
à côté de

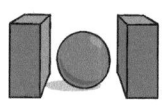

བར་དུ།
....
entre

ས་གནས།
....
lieu